墨香财经学术文库

财税体制与全国统一大市场建设

机制、效应与政策路径研究

Research on the Fiscal and Taxation System and the Construction of a National Unified Market

Mechanisms, Effects, and Policy Pathways

王婷　著

东北财经大学出版社
Dongbei University of Finance & Economics Press
大连

图书在版编目（CIP）数据

财税体制与全国统一大市场建设：机制、效应与政策路径研究 / 王婷著. —大连：东北财经大学出版社，2025.5.—（墨香财经学术文库）. —ISBN 978-7-5654-5605-3

Ⅰ. F812.2；F723

中国国家版本馆CIP数据核字第2025TS4087号

财税体制与全国统一大市场建设　机制、效应与政策路径研究

CAISHUI TIZHI YU QUANGUO TONGYI DASHICHANG JIANSHE

JIZHI XIAOYING YU ZHENGCE LUJING YANJIU

东北财经大学出版社出版发行

大连市黑石礁尖山街217号　邮政编码　116025

网　址：http://www.dufep.cn

读者信箱：dufep@dufe.edu.cn

大连图腾彩色印刷有限公司印刷

幅面尺寸：170mm×240mm　字数：179千字　印张：15　插页：1

2025年5月第1版　　2025年5月第1次印刷

责任编辑：时　博　吉　扬　　责任校对：那　欣

封面设计：原　皓　　版式设计：原　皓

书号：ISBN 978-7-5654-5605-3　　定价：82.00元

教学支持　售后服务　联系电话：（0411）84710309

如有印装质量问题，请联系营销部：（0411）84710711

作者简介

王婷，女，中共党员，1989年12月生于内蒙古包头市，东北财经大学财政学博士，中级讲师，从事财政理论与财政体制研究多年。已发表CSSCI/北大核心论文若干。现任江苏财经职业技术学院会计学院专职教师。

前言

构建全国统一大市场是建设高水平社会主义市场经济体制的内在要求，是构建新发展格局的基础支撑，是推动高质量发展的重要保障，更是充分释放市场潜能、激发发展动力、促进经济平稳运行的重要举措。然而，市场分割问题作为我国经济体制改革过程中长期存在的顽疾，依然显著制约着全国统一大市场建设目标的实现。改革开放以来，我国社会生产力得到了极大的发展。在这一过程中，国家整体发展目标与地方发展动力之间的不协调始终贯穿其中，特别是在实现市场统一性与应对市场分割性挑战方面表现得尤为突出。

当前，在全国统一大市场建设的实践中，地方保护主义和由于制度性因素导致的市场分割现象依然在一定程度上存在。这些分割不仅形成了地区贸易壁垒和边界效应，阻碍了区域间的经济联系，妨碍了商品和生产要素的自由流动，而且破坏了市场运行机制，降低了全国市场环境的统一性与效率。持续性的市场分割反映了地方利益与国家战略目标之间的矛盾，也凸显了制度性障碍。对此，中央经济工作会议和国务院常务会议在2023年明确指出，要加快建设全国统一大市场，破除各种形式的地方保护和市场分割，并提出推进新一轮财税体制改革的重要方向。

市场分割的形成与地方政府干预市场的行为密切相关，而这一干预行为在很大程度上受到现行财税体制的制约。分税制财政体制的实施使得政府间财政出现纵向失衡和横向失衡。纵向失衡削弱了地方政府的财政自主性，横向失衡则加剧了地区间发展的不平衡，从而引发了税收“竞底”、财政支出“竞高”和环境规制“竞低”等问题。这些财政失衡带来的问题成为阻碍国内统一市场扩展与融合的重要因素。此外，经济增长目标的管理压力、审计监督的强化以及转移支付规模的扩大等制度因素又在一定程度上进一步加剧了财政失衡对市场分割的影响。

在此背景下，研究市场分割问题的形成机制及其经济后果，不仅能够丰富市场分割理论，而且能够为全国统一大市场建设提供理论支撑和政策参考。与此同时，深入剖析市场分割的内在逻辑及其与财税体制的互动关系，对于理解我国市场体系的运行机制和未来发展趋势也具有重要的理论价值与现实意义。

本书以“财税体制与全国统一大市场建设：机制、效应与政策路径研究”为题，试图从财税体制改革视角切入，通过剖析财政失衡对市场分割的作用机制，探讨财税体制对统一大市场构建的影响路径和政策优化方案。希望本书的研究成果，能够为我国财税体制改革与全国统一大市场建设提供新的理论启示和实践方向，同时为学术界和政策制定者进一步探索相关领域提供一定的参考。

王　婷

江苏财经职业技术学院

2025年2月

目录

1 **绪论** / 1

1.1 研究背景及研究意义／2

1.2 文献综述／5

1.3 研究内容与研究方法／28

1.4 可能的创新点与不足之处／33

2 **财税体制中的财政失衡影响市场分割的理论分析** / 36

2.1 概念界定／37

2.2 理论基础／41

2.3 财政失衡对市场分割的影响机理／48

3 **财税体制中的财政失衡与市场分割：测度指标与特征事实** / 65

3.1 财政纵向失衡的测度指标与时空特征／66

3.2 财政横向失衡的测度指标与时序特征／77

3.3 市场分割的测度指标与时序特征／88

3.4 财政失衡与市场分割的趋势相关性分析／99

4 财税体制中的财政纵向失衡与全国统一大市场建设：机制、效应研究 / 102

4.1 理论分析与研究假设／103

4.2 研究设计／108

4.3 实证结果与分析／114

4.4 机制效应检验／124

5 财税体制中的财政横向失衡与全国统一大市场建设：机制、效应研究 / 135

5.1 理论分析与研究假设／136

5.2 研究设计／143

5.3 实证结果与分析／148

5.4 机制效应检验／156

6 财税体制中的财政纵向失衡和财政横向失衡对市场分割交互影响的实证分析 / 168

6.1 理论分析与研究假设／169

6.2 研究设计／172

6.3 实证结果与分析／178

7 财税体制与全国统一大市场建设：政策路径研究 / 190

7.1 降低财政纵向失衡度以减弱市场分割程度／191

7.2 降低财政横向失衡度以降低市场分割水平／194

7.3 规范地方政府竞争行为以消除对市场分割的不利影响／196

7.4　优化经济增长目标管理以弱化市场分割程度／199
7.5　加大审计监督强度以减轻市场分割程度／200
7.6　优化财政转移支付制度以发挥对消减市场分割的积极作用／202

主要参考文献 / 205

索引 / 231

1

绪论

构建消除市场分割的长效机制是实现全国统一大市场的重要路径。财政失衡既是我国财政体制的运行结果，也是研究市场分割问题的一个逻辑起点。本书以财政失衡对市场分割的影响为研究论题。作为开篇之论，本章首先阐述本书的选题背景及研究意义，然后对国内外文献进行系统性的梳理和评价，最后阐述本书的研究内容和研究方法。

1.1 研究背景及研究意义

1.1.1 研究背景

打破市场分割是促进全国范围内充分开展市场竞争、切实发挥规模经济作用和逐步规范市场规则，确保各类资源更加充分高效流动的重要举措。在当前的全国统一大市场建设进程中，地方保护主义和各种制度因素导致了市场分割，并成为中国市场经济体系中的一个重要问题（吕越等，2018）。市场分割反映了地方政府在推动地方经济发展时过度强调本地利益，而忽视了全国整体利益的现实情况。市场分割的存在主要会产生两个方面问题：一是降低市场效率和全国市场环境的统一性。市场分割会限制市场的规模和深度，使商品和生产要素资源不能在全国范围内根据市场需求自由流动，导致资源在某些地区的过剩和在其他地区的稀缺，这不仅会降低资源配置效率，而且会割裂不同地区之间的经济联系，引致地区间经济活动的不协调。二是加剧市场竞争的不公平，增加企业的交易成本。市场分割会限制企业规模的扩大和市场的拓展，使消费者面临更少的选择和更高的价格，抑制经济主体的创新能力和经济活力，不利于经济长期稳定增长与整体效率提升，并削弱企业在全球经济中的竞争力。

近年来，我国高度重视打破市场分割、加快构建全国统一大市场的工作。2015年10月19日，《国务院关于实行市场准入负面清单制度的意见》正式出台，确定了形成全国统一的市场准入负面清单制度，把消除地方保护和市场分割的行为从高屋建瓴的目标层面落实到具体的措施层面。2022年4月10日发布的《中共中央 国务院关于加快建设全国统一大市场的意见》提出，加快建立全国统一的市场制度规则，打破地方保护和市场分割，打通制约经济循环的关键堵点，促进商品要素资源在更大范围内畅通流动，加快建设高效规范、公平竞争、充分开放的全国统一大市场。2023年12月12日，中央经济工作会议明确提出要加快全国统一大市场建设，着力破除各种形式的地方保护和市场分割。2023年12月18日召开的国务院常务会议进一步提出了构建全国统一大市场的重要指导原则，强调了制定和实施有助于全国统一大市场建设的制度和规则的必要性，指出要深化对市场分割和地方保护主义等问题的专项治理，并要求加强对典型案例的公示和通报，以此为手段破除妨碍全国统一大市场建设的各种障碍和限制。

在我国经济分权背景下，地方政府面临着财政纵向失衡和财政横向失衡两个维度的财政失衡状况，这既是分税制财政体制运行的一个结果特征，也是研究市场分割问题的一个制度性逻辑前提。虽然学者们已经从诸多视角对市场分割的影响因素进行了研究，但目前从财政纵向失衡与财政横向失衡视角系统考察市场分割问题的研究相对不足，而基于财政失衡探讨市场分割问题是治理市场分割的一个关键所在。那么，财政失衡对市场分割会产生什么影响，其作用机制和调节机制的机理与效应如何？为了回答这些问题，本书以财政失衡对市场分割的影响为研究论题，聚焦于财政纵向失衡与财政横向失衡对市场分割的影响及其作用机制与调节机制效应验证，对这些问题的解读有助于从财政体制视角探求降低市场分割程度的路径，为推动全国统一大市场建设提供理论指导与实践参考。

1.1.2 研究意义

以财政失衡对市场分割的影响为研究论题，展开深入、系统的研究具有十分重要的理论意义和实践意义，具体体现如下：

1）理论意义

从理论层面看，财政作为国家治理的基础和重要支柱，在降低市场分割程度和建设全国统一大市场的现代国家治理领域中发挥着重要作用。本书搭建了财政失衡影响市场分割的理论研究框架，并对财政失衡影响市场分割的作用机制与调节机制进行了系统分析，不仅有助于拓展研究财政体制与市场分割之间关系逻辑机理的视野，而且为在构建市场分割治理的长效机制中降低财政纵向失衡和财政横向失衡程度、规范地方政府竞争行为、加强经济增长目标管理、强化审计监督和优化转移支付制度提供了理论依据。

2）实践意义

从实践角度看，本书分析了市场分割与财政失衡的时序演变和空间分布变化，并实证研究了财政失衡对市场分割的影响及其作用机制效应与调节机制效应，从而在降低财政纵向失衡和财政横向失衡程度、规范地方政府竞争行为、加强经济增长目标管理、强化审计监督和优化转移支付制度方面，为构建市场分割治理的长效机制提供了政策启示。这不仅有助于明确地方政府在市场分割治理中的职责定位，而且对规范地方政府行为激励机制、促进地方政府行为与市场分割治理的有效衔接与协调，以及提高市场分割治理效率都具有重要的实践指导价值。

1.2 文献综述

市场分割是国内外学者关注的热点问题，而财政失衡是影响市场分割的重要制度因素。本部分从财政纵向失衡与财政横向失衡的测度、财政纵向失衡与财政横向失衡的经济影响效应、市场分割的界定与测度、市场分割的形成机制、市场分割治理五个维度对国内外文献进行系统的梳理与归纳，并进行相应的评析，为本书的研究思路与研究内容框架的设计提供启示，同时也为可能的创新点分析提供切入点。

1.2.1 财政纵向失衡和财政横向失衡的测度研究

财政纵向失衡和财政横向失衡的测度是分析比较财政纵向失衡水平和财政横向失衡水平的基本前提，也是学界探究的重要问题，已有研究主要聚焦于财政纵向失衡的测度指标和财政横向失衡的测度方法选择方面。

1）财政纵向失衡的测度指标

在财政纵向失衡的测度指标选择方面，目前学界尚未达成统一的标准，大致有以下四种：第一，财政纵向失衡=1-［（税收分享+转移支付）/下级政府总支出］（Hunter，1977）。在国内应用方面，杜亚斌（2020）和王瑞祥等（2019）均采用这一方法，对我国实施分税制改革后的财政纵向失衡程度进行测度与分析。第二，财政纵向失衡=（自有收入/自有目的支出）（Fahy，1998）。第三，财政纵向失衡=（政府间转移支付/下级政府总收入）（Khemani，2006）。在国内应用方面，赵为民和李光龙（2016）将中央转移支付收入（含税收返还）与地方本级财政收入之间的比例作为衡量财政纵向失衡程度的指标。

第四，财政纵向失衡=1-（下级政府自有收入/下级政府自有支出）和财政纵向失衡=1-（财政收入分权/财政支出分权）×（1-财政收支缺口率）(Eyraud and Lusinyan，2013)。这种测度方法由于综合考量了财政收支的分权情况以及财政收支缺口率等多重因素，更贴合我国财政分权的实际状况，因此在国内的相关学术研究中得到了较为普遍的应用（林春、孙英杰，2019；储德银等，2019；杜彤伟等，2019）。以此为基础，一些学者采用地方本级预算内收支缺口与地方本级预算内支出对财政纵向失衡程度进行度量（肖叶，2019）。

2）财政横向失衡的测度方法

在财政横向失衡的测度方法方面，现有文献主要通过变异系数、基尼系数、泰尔指数以及人均自有财力等指标来衡量地区间财力的差异程度。在运用变异系数测度方面，刘亮（2006）根据以人口为权数的加权变异系数对地区间财力差异进行度量，发现1997—2003年省际财政横向失衡水平逐步提高。李凌和卢洪友（2007）基于1980—2005年样本数据，采用人均财政收入变异系数，研究发现1980—1994年财政横向失衡水平持续下降，且1990年以前的下降速度极为明显，1994年以后财政横向失衡水平有扩大趋势，但速度非常缓慢。胡德仁和刘亮（2010）运用人均财政收入指数的变异系数，对1997—2008年我国三大区域间财政横向失衡程度进行测度，发现地区间财政横向失衡程度呈现逐渐缩小的态势。储德银等（2019）使用以人均实际财政收入为基础的修正加权变异指数测度财政横向失衡水平，并在其他研究中得以认可和应用（王欣亮、刘飞，2021；申洋、郭俊华，2021；胡晓东、高艳慧，2023）。在运用基尼系数和人均自有财力测度方面，童锦治等（2014）采用省际人均自有财力和人均可支配财力的基尼系数，作为评价财政横向失衡程度的指标，研究发现2001—2010年我国省际人均自有财力差异虽然逐步缩小，但程度仍然较为严重，而省际人均可支配财力差异不断缩小，目前处于基本合理状态。在运用泰尔指数测度方面，孙开和温馨（2015）使用2003—2012年各省份地方财力数据，运用泰尔指数计算后发现，全国财政横向失衡程度呈现整体下降趋势，以人口权重度量的财力失衡程度更小，且与经济规模权重下的财力失衡程度越来越接近。刘书明等（2019）基于2007—2017年省级数据，利用泰尔指数研究发现，无论是以经济规模为权重，还是以人口数量为权重，财政横向失衡均呈下降趋势。在运用人均自有财力测度方面，李升和宁超（2017）对不同省份地方自有财力水平的差距变动情况进行收敛性分析，发现2004—2014年我国内地各省份的人均自有财力存在β收敛，说明财政横向失衡程度下降，但2000—2004年的人均自有财力变动缺少规律性，财政横向失衡程度没有明显变化。郭玲等（2019）采用2004—2016年间省级人均财力的加权变异系数、基尼系数和泰尔指数，研究发现2013年以前我国财政横向失衡不断缩小，并且程度显著，而2013年后存在不断扩大的趋势。

一些学者运用相关方法对造成地区间财力水平差异的关键性因素进行了分析。李凌和卢洪友（2007）利用变异系数法，重点分析了财政收入能力与支出水平对差异的影响，发现分税制改革有助于减少财政收入差异，但地方经济发展水平的不平衡会使支出水平差异扩大。江庆（2009）和官永彬（2013）分别采用基尼系数、GE指数分解法和广义熵指数对财力水平差异进行测算，均得出相似结论，即本级财政收入的差距是主要的差异来源，且转移支付系统作为一种重要的逆向调节工具，起到了平衡地区间财力差异的作用。童锦治等（2014）通过对省级人均自有财力及人均可支配财力的基尼系数进行测算与分析，指出税收收入构成了地区间财力差异的主要来源。胡德仁和刘亮（2010）以及郭玲等（2019）的研究，从地理空间和财政结构两个角度切入，揭示了中国东部地区与中西部地区之间的财力差异是全国性财力差异的主要根源，从一般公共预算收入分类看，税收收入是导致这种不平衡的核心因素，尽管非税收入和中央政府的净转移支付对缩小差异有一定作用，但其影响相对有限。

1.2.2 财政纵向失衡和财政横向失衡的经济效应研究

1）财政纵向失衡的经济效应

关于财政纵向失衡的经济效应，已有研究侧重于财政纵向失衡对市场分割的影响，以及财政纵向失衡对地方政府行为的影响两个方面。

在财政纵向失衡影响市场分割的研究方面，已有研究主要从宏观和微观两个角度展开。从宏观的角度，张宇（2018）基于1996—2013年省级面板数据，研究发现财政纵向失衡不仅会直接加剧本地区市场分割程度，而且会激化地方政府之间市场分割的竞争性矛盾，使各地区对其他地区采取的地方保护行为作出更强烈的反应。从微观的角度，财政纵向失衡对企业跨区域投资的影响可以反映财政纵向失衡对市场分割的影响，其原因在于，企业跨区域投资是企业自主在全国范围内配置资本、劳动力、科技资源和无形资产的过程，是资源实现跨区域配置的重要方式和打破市场分割的重要手段（刘志彪、孔令池，2021）。兰宗（2021）基于2007—2019年省级政府财政数据和A股制造业上市公司数据，研究发现财政纵向失衡程度越大，辖区国有企业进行跨区域投资的可能性越小，跨区域投资力度也更低，财政纵向失衡会促使地方政府为发展本地经济而引导贷款资源更多地配置给本地国有企业，从而降低这些企业跨区域投资倾向和力度。谢贞发等（2023）基于2000—2009年全国市县级政府财政数据和上市公司数据，研究发现财政纵向失衡导致地方政府偏向性干预市场，不利于当地市场投资环境优化，进而驱使本地企业通过异地投资设立子公司以实现资本向外转移，这一效应在非国有企业、制造业企业和东部地区更加明显，且主要促进了资本的省内跨市流动。

在财政纵向失衡影响地方政府行为的研究方面，已有研究主要集中于财政纵向失衡对税收努力、土地财政行为、地方治理能力和地方财政可持续的影响方面。在税收努力方面，储德银等（2019）认为，财政纵向失衡通过直接作用渠道显著降低或抑制了地方政府税收努力，在较为严重的地方政府收支脱节情形下，为获取更多中央转移支付资金抑或借助转移支付的“公共池”效应转嫁支出成本，理性的地方政府会选择降低税收努力。在土地财政行为方面，贾俊雪等（2016）基于我国2001—2007年的地级市面板数据，研究发现财政纵向失衡对土地出让金规模存在显著的正向效应，即财权与事权错位加剧了地方政府的土地财政行为，财政纵向失衡对土地出让金规模的影响在经济较落后的地区更为突出。王华春等（2016）基于我国2001—2012年的省级面板数据，研究发现财政纵向失衡对地方政府土地财政收入的影响存在显著正向效应，即地方政府面临的财政收支缺口越大，越倾向于通过土地财政活动来补偿这一缺口。辛冲冲等（2021）基于2007—2017年地级市面板数据，研究发现财政纵向失衡显著增强了地方政府的土地财政依赖程度。在地方治理能力方面，储德银和费冒盛（2021）基于2009—2017年省级面板数据，研究发现财政纵向失衡对地方政府的治理能力升级产生了双重负面影响：一是直接制约了地方政府能力的增强，二是通过改变转移支付的规模和构成，间接限制了地方治理能力的进一步提升。在地方财政可持续方面，杜彤伟等（2019）基于2007—2017年省级面板数据，研究发现财政纵向失衡不利于地方财政可持续性的提升，但转移支付对地方财政可持续性的复合影响为正，转移支付通过弥补财政缺口和激励问责机制等对政府财政行为的正向作用大于其产生的道德风险对政府财政行为的扭曲作用。

2）财政横向失衡的经济效应

已有文献关于财政横向失衡对市场分割影响的研究比较缺乏，关于财政横向失衡的经济效应研究大多聚焦于四个方面：一是地区经济增长的非均衡性。王振宇等（2023）的研究发现，财政横向失衡会进一步扩大地区间经济发展的差距，导致某些地区的经济增长明显快于其他地区。二是公共服务水平差异性。郭玲等（2019）认为，财政横向失衡对地方政府提供的公共服务水平具有直接的决定性影响，财力宽裕的地方，其行政和公共服务能力通常较强，而财力薄弱的地方则相对较弱。三是地区间合作关系。申洋和郭俊华（2021）的研究表明，在财政横向失衡的背景下，各地区很难形成有效的合作关系。贫困地区由于缺乏物质资本和人力资本，其在跨区域的大型项目中的协调能力受限；而财力的巨大差异导致地区间的投资项目外部性加强，进一步加大了合作难度。四是经济资源的非均衡配置。在财政横向失衡严重且转移支付未能实现财力均等化的情况下，经济条件较好的地区能够利用其资源优势以促进本地经济的进一步增长，从而扩大与经济条件较差地区的差距。面对这种竞争压力，经济能力较弱的地区可能采取非常规或效率较低的策略进行应对，例如贸易保护、市场分割或为追求短期利益而选择低效的投资（Oates，1999）。

3）财政纵向失衡和财政横向失衡的交互影响效应

已有文献鲜少涉及财政纵向失衡和财政横向失衡对市场分割交互影响效应的研究，大多研究财政纵向失衡和财政横向失衡的交互影响效应。Eyraud和Lusinyan（2013）研究认为，在财政横向失衡水平较高的国家，财政纵向失衡对地方政府财政绩效存在消极影响，且财政横向失衡程度越高，财政纵向失衡对财政绩效的负面效应越强，财政纵向失衡与财政横向失衡还会通过综合作用强化对地方财政绩效的危害性。Han和Kung（2015）研究发现，财政纵向失衡与财政横向失衡会对地方政府的财政扭曲行为产生共同影响。Di Liddo等（2016）研究认为，财政纵向失衡与财政横向失衡对财政努力存在反向联合效应，即财政横向失衡会放大财政纵向失衡对地方政府财政努力的负面影响。储德银等（2019）研究认为，无论从全国层面抑或分地区层面，财政纵向失衡均显著降低了地方政府的税收努力程度，而财政横向失衡对地方政府税收努力的作用渠道与传导效应大小因地区经济发展水平不同而存在较大差异，即发达地区财政横向失衡直接提高了地方政府税收努力，而欠发达地区财政横向失衡不仅可以直接降低地方政府税收努力，也可通过对财政纵向失衡的正向激励间接影响地方政府税收努力，产生负向抑制效应。王欣亮和刘飞（2021）的研究得出了财政纵向失衡与经济发展质量间呈倒U形关系的结论，且地方政府投资与规制行为偏向是过度财政纵向失衡引致发展质量损失的原因。在适度财政纵向失衡下，中央财政激励与政治激励对经济高质量发展具有相似的边际影响，但当财政纵向失衡程度过高时，政治激励对经济发展质量损失的抑制作用将强于财政激励，财政横向失衡会约束纵向失衡与经济发展质量间的关系，致使高度横向失衡地区的纵向失衡适度阈值缩小，低度横向失衡地区的纵向失衡适度阈值扩大。此外，申洋和郭俊华（2021）研究发现，财政纵向失衡与财政横向失衡均可以加剧环境污染，且这一效应在中西部城市与资源型城市更加显著，财政横向失衡通过产业结构效应而非环境规制效应加剧环境污染，财政纵向失衡则通过环境规制效应与产业结构效应共同加剧环境污染。

1.2.3 市场分割的界定与测度研究

1）市场分割的基本界定

已有研究主要从不同市场类型与制度因素的角度对市场分割进行界定。在不同市场类型研究方面，Varadarajan（2010）认为市场分割包括地理市场分割、产品市场分割和行为市场分割。其中地理市场分割考虑了不同区域的消费者需求和偏好差异，基于地理位置划分市场；产品市场分割侧重于产品或服务的不同特征和功能，以满足不同消费者群体的具体需求；行为市场分割是基于消费者的购买行为、使用习惯、品牌忠诚度等划分市场。Fifield（2012）认为，市场分割类型包括地理市场分割、行为市场分割和心理市场分割。其中地理市场分割和行为市场分割与Varadarajan的观点一致，心理市场分割是根据消费者的心理特征，如态度、价值观、生活方式等来划分市场。国内学者主要基于产品市场和要素市场来界定市场分割，市场分割是指商品无法在区域间实现价格同步的现象（张宇，2018）。产品市场分割是指地方政府运用行政手段影响产品市场公平竞争的行为，要素市场分割是指资本、劳动等要素在区域内部或者区域间无法正常流动的现象（蔡国材等，2023），具体表现为地区间价格差异过大（余东华、张昆，2020）。

在基于制度因素的市场分割界定方面，一些学者认为，市场分割指市场结构被行政权力分割的现象，造成这种状况的原因是各级政府及其所作出的特殊制度安排，这不仅表现为区域制度和政策的差异，更表现为区域制度和政策的执行落差（吴小节等，2012）。进一步地，市场分割是指一国范围内各地方政府为了本地利益进行短期化决策，通过行政管制手段，限制外地资源进入本地市场或限制本地资源流向外地的过程（银温泉、才宛如，2001；李海舰、原磊，2008；余东华、刘运，2009；赵奇伟、熊性美，2009），也有的学者认为市场分割是地方政府利用行政力量对外地商家进入本地市场、本地企业及资本流出加以限制或歧视的行为（臧跃茹，2001）。与这两种观点不同，一些学者认为将市场分割简单定义为一种过程或行为是不全面的，而应将市场分割界定为一种状态。刘斐然（2020）基于地方政府间的博弈分析，提出建立市场壁垒是地方政府出于实现其决策目标需要而主动采取的限制要素、商品自由流动的行为，而市场分割则是博弈各方作出关于建立市场壁垒决策之后，区域间形成的阻碍要素、商品自由流动的市场非整合状态。范子英（2022）认为市场分割是指将一个大市场人为地分割为一个个小市场，资源、要素和产品在小市场内部可以自由流动，但很难跨市场流动的状态。也有学者提出市场分割既是一种状态，又是一种行为，市场分割是一种分割市场的行为，或是市场的非整合状态（冯兴元，2010）。

2）市场分割的测度方法研究

市场分割的测度是研究市场分割程度的一个重要前提，目前测度市场分割的方法主要包括生产法、贸易法和价格法，运用不同方法对市场分割程度进行测度会得出不同的研究结论。

第一，生产法。生产法是基于各地区产业结构和专业化分工情况，通过构建行业集中度、地区专业化指数、产业结构相似度等指标来反映地区间的市场分割程度（张亚丽、项本武，2021）。当地区间的产品和要素结构及专业化水平差异缩小时，则表明市场结构和特性正在趋于同一化。在这种情况下，市场专业化分工的降低导致了竞争市场的“同质化”，反映出市场分割程度的增加（张李昂、张清正，2016）。Young A（2000）使用各省份三次产业数据测度产业结构及地区专业化水平，认为我国市场分割程度仍然较高。路江涌和陶志刚（2006）对制造业行业的专业化程度加以测度，认为我国各地区之间，以及东、中、西三大地区之间的专业化分工水平都在提升，说明区域间市场一体化水平呈现上升趋势。

需指出的是，使用生产法测度市场分割程度存在着一定的缺陷。具体而言，使用产业结构相似度、Hoover地方化指数等指标来反映市场分割程度缺乏理论基础（洪勇、许统生，2016），对处于快速工业化阶段的发展中国家而言，产业结构趋同并不能说明市场分割加剧（张昊，2020），而且基于此种方式的测算结果因包含了运输成本降低引发的产业结构趋同效应而不能准确衡量制度因素造成的市场分割程度（张宇，2018）。

第二，贸易法。贸易法是通过区域间贸易流量或边界效应来反映国内市场整合程度及其变化趋势，并由此来判断地区间市场分割程度。若跨区域贸易流量较大或者边界效应不明显，则表明市场分割程度较低；若跨区域贸易流量较小或者边界效应明显，则表明市场分割程度较高（洪勇、许统生，2016）。Naughton（1999）运用引力模型对我国各省份之间工业品的贸易流量加以测度，发现各省份之间的贸易流量总体增加，部门内部细分行业间的贸易流量也不断加大，由此判定区域间市场整合水平上升。Poncet（2005）发现我国省际贸易的边界效应不断提升，由此认为我国市场分割程度呈现上升趋势。王晔倩和林理升（2006）通过引力模型分析长三角和珠三角服务贸易的边界效应，发现两个地区的边界效应并不明显，认为市场分割程度表现出下降态势。黄赜琳和王敬云（2006，2007）通过测度我国八大区域的边界效应，发现我国市场整合程度仍然偏低，地区间市场分割程度与欧盟统一市场内部国家之间的水平相当。从区域比较看，西部地区边界效应明显高于东部，西部地区的市场分割程度高于东部地区（赵永亮、徐勇，2007；赵永亮等，2008），而且区间边界效应呈现时序异质性特征，1997—2002年和

2002—2005年两个期间的边界效应均有上升趋势，但2005年后边界效应呈下降趋势，由此市场从趋于分割开始转向趋于整合（赵永亮，2012）。刘易昂和赖德胜（2016）基于考虑了省际边界效应的引力模型，研究发现我国各省份对省份内的贸易偏好约为省际贸易的六倍，由此认为我国省域层面存在产品市场分割情况。

贸易法用于测度市场分割程度相对比较直观，但也存在一定的局限性，主要表现在三个方面：一是贸易流量的增大未必能够说明市场分割程度的下降（余开亮，2020）；二是大多数学者测算的边界效应主要反映地理边界对贸易的影响，而忽视了贸易成本等在其中的作用（谢莉娟、王诗桴，2017）；三是对贸易法要求的区域间贸易流量很难进行准确度量（张宇，2018）。

第三，价格法。价格法主要基于各地区之间商品价格的相对差异来对市场分割程度进行衡量。现实中由于受地区间制度性障碍、资本流动限制和信息不对称等市场因素的影响，地区间实现平均利润率通常面临困难。当地区间商品价格比率的波动范围维持在一定限度内，并且长期趋于一个稳定的值时，通常被视为市场已达到一种整合的状态（Engel and Rogers，1996；Parsley and Wei，2001；Genevieve and Wei，2004）。价格法在计算市场整合度时，不仅包含了丰富的信息，同时也因其较高的数据可获取性和便利的计算过程，成为当前研究我国区域市场分割的主要方法之一（陆铭、陈钊，2009；刘瑞明，2012；曹春方等，2017；罗小芳、卢现祥，2023）。

在衡量市场分割程度的研究中，价格法的应用主要涵盖了相关分析法、协整分析法和相对价格法。其中，相对价格法由于在理论和实践中应用广泛，因而成为了主流的研究工具。采用相对价格法进行分析时，又可以进一步细分为单位根检验和方差检验两种。单位根检验关注的是相对价格时间序列的稳定性；若相对价格时间序列不能拒绝遵循单位根过程的假设，表明存在市场分割现象，因为这说明相对价格是非稳定的随机过程，随时间的增长其方差也会增大。相反，如果能拒绝单位根存在的假设，意味着相对价格具有稳定性，即短期内受到的外部冲击是暂时的，长期会回归到稳态。方差检验是将相对价格方差的动态变化作为衡量市场分割程度的指标，方差减小就表明市场分割程度降低。Parsley和Wei（2001）以及曹春方等（2017）的研究表明，相对价格方差是一个能够有效反映区域间市场分割程度的重要指标。

在价格法的运用方面，Young A（2000）基于1986—1999年省级面板数据，使用工业投入品和农产品的平均价格计算标准差，发现我国市场分割程度加剧。桂琦寒等（2006）基于1985—2001年省级面板数据，测算我国相邻市场整合程度及其变化趋势，发现我国国内商品市场整合程度呈上升趋势。范爱军等（2007）将市场分割的研究由相邻省市之间扩展至全国，基于1985—2005年国内商品零售价格指数，研究发现商品市场分割程度下降。付强和乔岳（2011）基于1985—2006年我国28个省市的面板数据，研究发现国内市场分割指数波动性较大，呈现出阶段性的上升或下降趋势。陈刚和李树（2013）基于2003—2011年我国71对地理相邻的省市数据，使用15类商品价格指数进行测算，发现绝大多数相邻省市的市场分割指数在时序上平稳波动，国内市场并未出现明显的整合趋势。吕冰洋和贺颖（2020）运用价格法研究发现，除2008—2009年商品市场分割短暂加剧以外，2001—2015年间商品市场分割程度整体呈现下降态势，东南部地区的市场整合程度高于西部地区，全国层面的商品市场分割程度大于局部地区层面的市场分割程度。洪勇和张应华（2020）基于我国30个省份1998—2017年的数据，使用价格法测度，发现省份间市场分割程度有所下降，但其进程出现了较大波动。苏剑等（2021）运用相对价格法，研究发现我国整体市场分割程度在2004—2018年呈现下降收敛的趋势。余泳泽等（2022）使用相对价格法测算2006—2015年我国219个地级及以上城市的市场分割程度，发现区域市场分割水平总体呈现下降趋势，在全球金融危机期间，市场分割程度明显高于其他年份。

1.2.4 市场分割的形成机制研究

学界关于市场分割形成机制的研究主要从制度层面展开，鉴于影响市场分割的制度因素具有多元性，已有研究侧重于从财政分权、地方政府竞争、官员晋升激励和地区策略分工的角度分析市场分割形成的深层次动因。

1）财政分权对市场分割的影响

一些学者认为，市场分割本质上应归因于财政分权的利益分配机制不完善，财政分权是形成市场分割的根本性制度原因。财政分权是中央和地方政府之间围绕财政收入和支出的分权行为，构成央-地关系和地方政府之间财政关系的核心组成部分（吕冰洋、聂辉华，2014；吕冰洋、贺颖，2019；刘志彪、孔令池，2021；洪正、谢漾，2021）。财政分权改革是市场分割的重要原因（周黎安，2004），地方市场分割是从20世纪80年代初实行“放权让利”和行政性分权后出现的，表现为地方政府为了维护本地经济增长、扩大税基、保护本地国有企业而实行地区市场封锁，设置产品进入壁垒或资源流出壁垒，或运用行政力量保护、纵容当地企业采取不正当竞争行为，从而造成区域间市场的割裂（银温泉、才婉茹，2001；Young，2000）。具体来说，“分灶吃饭”和“财政包干”的财政分权体制虽然调动了地方增产和增收的积极性，但也增强了地方利益和地方观念，使得地方政府在一定程度上背离国家的产业规划和区域发展原则而发展和保护地方企业，形成“诸侯经济”式的市场分割问题（沈立人、戴园晨，1990）。

从财政分权对市场分割的影响看，刘小勇和李真（2008）利用1986—2005年的省级面板数据进行研究，结果表明财政分权，尤其是收入分权，是市场分割的一个重要促进因素。此外，不同地区对于财政分权的激励反应存在着差异，在经济发展程度较高的地区，财政分权对市场分割的促进作用较小，而在经济发展水平较低的地区，财政分权对市场分割的促进作用较大。这一发现后续也被刘小勇（2012）进一步论证。任志成等（2014）基于1996—2012年省际面板数据，研究发现财政收入分权度越高导致市场分割越严重，财政支出分权可以通过改善交通设施等渠道促进国内统一市场的形成。吕冰洋和贺颖（2019）认为，在当前分税制财政体制下，县级政府和上一级政府之间的财政收入分配比例会影响商品市场整合进程，当市级政府的财政收入分配比例提高时，不同城市之间的商品市场分割程度可能会加剧，这一分配比例对省内商品市场分割的影响程度大于省际相邻的城市。范子英和李经（2021）的研究表明，长期以来实施的财政分权治理体制在激发地方积极性的同时，不可避免地产生了市场分割的弊端，财政分权下的财税激励是各个地方政府采取市场分割策略的主要动因。由此表明，市场分割是地方政府基于地方保护意识的一个理性选择（刘明慧、王婷，2023），其背后是财政分权对地方政府的财政激励（范子英，2022），换言之，财政分权使得地方政府能够通过各种地方保护和市场分割措施来实现经济发展的赶超战略，由此加剧了市场分割（刘志彪，2022）。

财政分权体制下“以邻为壑”的地方保护主义是造成我国市场分割的核心原因，吴敬琏（2004）指出，财政支出分权促进了地方保护主义及其伴随的市场扭曲行为，这些行为包括资源的浪费、重复建设以及在特定领域内的无序竞争，进而导致了市场分割的加剧。地方保护主义不仅是区域市场分割持续存在的经济基础，而且还受到了物质利益驱动的影响。地方政府倾向于对那些边际生产率较高的生产要素或产业施加控制，以实现经济利益的最大化（平新乔，2004），这表明地方政府作为经济主体参与社会经济活动的过程强化了地方保护主义和市场分割行为（赵奇伟、鄂丽丽，2009）。此外，从行政区划改革对市场分割影响的角度看，“撤县设区”和“省直管县”通过调整政府间的行政分权水平，对城市间市场分割的影响呈现出不同的趋势。“撤县设区”通过增强地级市政府的整合和统筹能力，导致城市间市场分割的加深。相反，“省直管县”通过减少地级市政府在地方经济中的干预作用，有助于降低城市间的市场分割程度（贺颖、吕冰洋，2019）。行政分权式改革模式驱使地方政府为完成数量增长目标而采用各种方式降低资源禀赋优势和企业的自主能力，人为抑制市场的调节作用，实现部门和地区间的非均衡增长，由此导致实践中区域分割、地方保护和不当竞争等问题时有发生（叶剑平、陈思博，2023）。

2）地方政府竞争对市场分割的影响

鉴于地方政府为了辖区经济增长、个人政治晋升等往往存在着区际竞争关系，一些研究将市场分割视为地方政府竞争策略和博弈的产物。Qian和Weingast（1997）指出地方政府横向竞争的加剧使得资源配置扭曲、地方重复建设严重和国内市场分割程度加重。我国分税制改革使得地方政府往往基于自身实际情况，选择适合自身的竞争模式，在区际竞争中采取保护本地企业的措施，由此造成的地区间贸易壁垒不利于地区经济的长期发展（周业安、赵晓男，2002）。与此同时，在我国区域经济发展的过程中，既存在市场分割的“逆市场”力量，也存在市场整合的“顺市场”力量，表现为地方政府竞争的“双刃剑”效应，即地方政府在获得发展地区经济正向激励的同时，也在分割市场和地方保护方面产生了负向激励（皮建才，2008）。这种地方政府间存在的无序且盲目的恶性竞争，在一定程度上会产生地方保护和市场分割问题（范剑勇、林云，2011）。具体而言，为了促进经济增长，地方政府往往与本地企业建立紧密的联系，当本地企业的盈利能力与地方政府的政绩评价直接相关时，政府与企业间的合作关系会加深，这种加深的合作关系会激化不同地方政府间的竞争，进而加剧市场分割的程度（付强、乔岳，2011）。另外，地方政府竞争所衍生出的地方保护阻碍企业跨地区供应链合作和产权链整合进而导致市场分割，在干预产品供应链方面，地方政府主要通过干预商品流通环节，弱化本地市场竞争并保证本地企业利润；在干预企业产权链方面，地方政府主要阻止外地企业在本地投资（张超、王春杨，2013）。总而言之，地方政府间“为税收而竞争”的模式加剧了市场分割（范欣、宋冬林，2020），地区间竞争会促使地方政府干预市场，加剧商品市场分割，而较好的经济发展条件和市场规模的扩大会减轻地区间恶性竞争，促进区域市场一体化（吕冰洋、贺颖，2020）。从区域的视角看，刘斐然等（2021）将区域异质性和政府决策的动态性影响纳入分析框架，构建地方政府间的博弈模型。研究发现，在地方政府竞争框架下，地方政府追求的短期发展目标差异以及各地方之间的经济发展水平差距，会使地方倾向于不采取区域间协同发展策略，进而最终加剧商品市场的分割程度。

3）官员晋升激励对市场分割的影响

对地方官员的考核和选拔所形成的标尺竞争式的“晋升锦标赛”构成影响市场分割的一个制度因素。地方官员为获得可观政绩以实现政治晋升，倾向于构建市场壁垒以获取晋升优势（范子英、张军，2010）。周黎安（2004）通过建立地方政府官员的晋升博弈模型，论证了政治晋升动机导致不同地区的政府官员之间合作的可能性极低，实行地方保护主义和市场分割更加符合这些官员的目标约束。刘瑞明（2007）通过构建模仿博弈模型进行研究，揭示了在追求政治控制权收益的晋升激励体系下，地方政府官员在信息限制和风险规避的环境中，为了保持在政治收益中的相对优势，往往会选择模仿其他地区的经济发展策略，以此增加自身的利益。这种模仿行为促成了产业结构的同质化，导致地区间企业在产品和原料市场上的竞争加剧，最终加剧了地方保护主义和市场分割的现象。这表明由于现行的官员考核制度过分强调本地区经济发展业绩，因而导致各地方政府或部门强化资源配置本地化和保护本地市场，加剧市场分割程度（赵奇伟、鄂丽丽，2009）。也有的学者研究得出了相反的结论，徐现祥等（2007）假设对地方官员政绩的考察主要基于其在任期间的经济绩效，通过模拟政府官员之间的经济和政治博弈，研究认为理性的政府官员出于政治晋升的追求，所选取的发展策略可能有利于市场一体化发展。

4）地区策略分工对市场分割的影响

一些学者认为市场分割是地区间策略分工的结果。陆铭等（2004）基于跨期分工决策模型，研究认为由于发达地区在高技术产业方面拥有比较优势，且技术进步速度较快，所以往往在贸易利益的分享中得到了较大的份额。而落后地区如果选择暂时不加入分工体系，虽然将失去当期分工的收益，但却可以提高自己在未来分工收益分配谈判中的地位，甚至可能实现对发达地区的赶超。因此，发达地区往往会选择地区间合作策略，而落后地区往往会选择不利于地区间合作的市场分割策略。於勇成等（2020）发现，无论市场分割带来的人力资本积累效应能否弥补合作收益的损失，无论比较优势是否发生逆转，司法行政化程度较高的地区总有动机选择市场分割，而且，风险成本和交易成本越大，其选择市场分割的动机越强。

1.2.5 市场分割的治理研究

基于市场分割的形成机制，已有研究主要从转变地方政府职能、规范财政体制改革、完善税制与规范税收优惠、确立正确的政绩观、加强跨区域合作与健全法律制度体系的维度解析治理市场分割的进路。

1）转变地方政府职能

为了解决市场分割问题，应推动加快政府职能转变，促使地方政府由生产型政府向服务型政府转变，减少政府对微观市场的直接干预（邓明，2014；刘易昂、赖德胜，2016）。为了改善市场分割状态，地方政府应明晰自身定位，深化简政放权，减少行政力量对市场经济活动的非理性干预，发挥市场在资源配置中的决定性作用，以降低市场分割程度（宋冬林、范欣，2015）。此外，应创新政府激励机制，引导地方政府由培育市场向完善公共治理方向转型，减少政府对市场的不当干预，以减少地区间市场壁垒（吕冰洋、贺颖，2020），并根据地方政府行为造成市场分割的具体表现和后果，制定地方政府直接干预市场行为的负面清单，给地方政府行为制定底线和高压线，改变地方政府的目标偏好函数，调整地方政府主导型产业政策，要逐步实现赶超型政府向服务型政府、建设型财政向公共财政的转变，打破地区间市场壁垒状态（刘志彪、孔令池，2021）。为了切实保障政府职能归位，应通过“做对价格”让市场在资源配置中发挥决定性作用，通过“做对激励”使政府提供更加有效的公共服务（刘瑞明、杨冰岩，2022），从而彻底破除阻碍经济循环的行政壁垒、制度壁垒、空间壁垒和结构壁垒，推动有效市场和有为政府更好结合（黄新华，2023）。同时，转变地方政府职能，淡化行政干预，防止经济活动运动式、行政化，进而破除地方保护和区域壁垒顽瘴痼疾（宋则，2022），不断规范地方政府的行为取向（妥燕方、孔令池，2022）。

2）规范财政体制改革

为了降低市场分割程度，应适度加强财政集权程度，因为只有中央政府掌握更多财权和事权，才有能力进一步推动市场建设相关的各项改革，而且也只有中央政府掌握更多财权，才有足够财力通过实施转移支付降低市场分割程度（邓明，2014）。为此，应继续深化分税制改革，在充分考虑各级政府利益的前提下，平衡地方政府的事权、财权与财力，通过实现地方利益公平化以降低地方分割市场的动机（宋冬林、范欣，2015），进一步协调中央与地方的财权分配，切实健全地方政府财权与事权相统一的体制机制（刘易昂、赖德胜，2016），着力解决各级政府事权与财权不对称的问题，重建地方政府竞争秩序与健全的财税体制，协调和改善地方政府间利益关系，以降低制度因素造成的市场分割（孔令池，2019）。继续完善与深化财税体制改革，完善兼顾公平与效率功能的制度设计，进一步明晰权责，增强财权、财力与事权的匹配度以降低地方保护动机（范欣、宋冬林，2020），通过实现地方财权、事权和财力相匹配以消除政府间地方保护主义的财政根源（范子英、李经，2021），使财政体制既鼓励地方积极性的发挥又能规范其财政行为（吕冰洋等，2021），从而切实打破市场分割和推动全国统一大市场的建设（范子英，2022）。为了协调国家发展整体性与调动地方发展积极性，加快全国统一大市场建设，应进一步完善政府间税收分成制度（谢贞发等，2024）。此外，为了降低市场分割程度，应通过规范的转移支付体系逐步打破当前体制下的各地区既得利益（邓明，2014），进一步提高转移支付制度的运行效率，促使经济相对落后地区积极参与跨区域的分工与合作，进而推动市场一体化进程（宋冬林、范欣，2015）。同时，应建立健全地区转移支付制度和区际利益补偿机制，平衡地区间财力差距，实现财政资金在政府间的再分配，缩小地区差异，从而为降低市场分割水平提供条件（孔令池，2019）。

3）完善税制，规范税收优惠政策

为了降低市场分割程度，应在降低税负的同时，进一步优化税制，减少商品重复征税（宋冬林、范欣，2015）。为了避免地方政府恶性竞争对市场一体化建设的干扰，中央应加强对税收管理秩序的监管（毛军、梁宏志，2019），加强对税收优惠特别是区域税收优惠政策的规范管理，避免地方政府通过税收返还等方式降低企业的实际税率，促进地区间公平竞争（吕冰洋、贺颖，2019），应正确引导税收竞争以降低市场分割程度，构建良性竞争机制（范欣、宋冬林，2020）。此外，要构建横向财政协调机制和区际利益补偿机制，降低地区间为争取流动性税基而进行的无序竞争和对共享税的过度依赖，以打破市场分割和推动全国统一大市场建设（刘志彪、孔令池，2021；范子英、李经，2021），逐步对探索增值税收入分享原则由生产地原则转变为消费地原则、推动政策实践方式由产业性向功能性转变、严格规范税收优惠政策和提高税收征管智能化等方面加以优化完善以降低市场分割程度（孙莹，2022），进一步规范调整政府间财政收入分配规则，将收入分享的税基由生产型转为消费型，使收入分成比例和地方公共服务提供水平挂钩，以降低地区间劳动力市场分割程度（吕冰洋、贺颖，2019）。

4）改变“唯GDP”的政绩观

为了降低市场分割程度，应改进对地方政府的绩效评估和考核机制，建立有效的地方政府激励机制，破除“唯GDP”的政绩观，构建复合型的政绩评定体制，更多引入其他目标并提高其权重，如社会发展、环境保护和降低收入差距等（邓明，2014；刘易昂、赖德胜，2016），将调整当前的官员考核机制与重视长期绩效作为打破市场分割的重要措施之一（刘斐然等，2021）。

5）加强跨区域合作

为了降低市场分割程度，应在实施区域发展战略与城市圈发展政策的引导下，制订合理的利益分配方案，健全区域合作利益补偿机制，推动跨区域分工与合作以打破地方行政壁垒（宋冬林、范欣，2015）。进一步弱化地方政府的策略性分工行为，推动地区间的协调发展，以打破地区间市场分割状态（孔令池，2019）。此外，应鼓励地方政府间加强合作，提升规模效应和协同效应，重点加强地方政府间在跨区域公共产品和服务提供方面的协同和配合以推动市场一体化建设进程（范欣、宋冬林，2020；刘志彪，2021）。通过推动区域之间的密切交流来促进地方政府经济合作，以使区域发展差距处于合理区间，促进区域适度平衡发展以降低市场分割程度（刘斐然等，2021），并根据各区域内经济条件积极探索灵活、制度化的区域合作机制，通过促进经济群、经济带的合作进而打破地区间市场分割（妥燕方、孔令池，2022）。

6）健全统一规范的法律制度体系

鉴于国内市场的整合和统一取决于法律的时效性和监管力度，因此应全方位、多角度通过相应的法律法规规范市场行为以降低市场分割程度（宋冬林、范欣，2015）。具体而言，应贯彻执行国家统一的竞争政策，破除地区行政和政策壁垒（刘志彪，2021），通过立破并举，建立统一完善的现代市场制度、统一完整的交易市场和统一高效的现代流通体系，破除供应链现代化的现实桎梏、内部需求扩大面临的多重堵点和扰乱市场秩序的不正当竞争（蔡国材等，2023）。此外，应逐步取消各种要素流动的制度性障碍，统一财税政策和市场准入、监管标准（罗必良等，2022），以供给侧结构性改革为主线，为市场提供统一的基础性制度供给，统筹好安全和发展、全国和地方、市场和政府之间的关系（吴华强等，2022）。总之，市场分割的治理一方面应制定统揽全局的法律、法规来推动统一大市场的构建，另一方面要废除或修正“办法”和“暂行规定”中阻碍统一市场构建的条款（刘瑞明，2022）。

1.2.6 文献评析

综上所述，国内外学者的相关研究集中在财政纵向失衡与财政横向失衡的测度、财政纵向失衡与财政横向失衡的经济效应、市场分割的界定与测度、市场分割的形成机制、市场分割的治理五个维度。这些研究已取得了一些有益的成果，不仅进一步夯实了研究的理论基础，而且为后续的创新性研究提供了重要启示与视角，为本书进一步深入研究财政失衡影响市场分割机制及其效应提供了有益借鉴。然而，现有关于财政失衡对市场分割影响的研究还需从以下三个方面进一步进行深入探究和拓展。

1）研究视角

在研究视角方面，已有文献主要从财政分权、地方政府竞争、官员晋升激励和地区策略分工的维度对市场分割的影响因素进行了有益探讨，但从财政失衡的角度对导致市场分割的制度因素研究相对不足。本书以分税制财政体制所形成的财政纵向失衡和财政横向失衡为切入点，搭建财政失衡与市场分割之间逻辑关系的研究框架。从财政纵向失衡、财政横向失衡以及财政纵向失衡与财政横向失衡交互的角度进行研究，不仅可以丰富市场分割影响因素的研究文献，而且能够为理解财政体制和地方政府行为对市场分割的影响提供一个新的视角。

2）研究内容

在研究内容方面，已有文献关于财政横向失衡对市场分割影响的研究相对不足，在财政纵向失衡影响市场分割研究的文献中关于影响机制的研究比较欠缺。本书基于税收“竞底”、财政支出“竞高”和环境规制“竞低”三个维度探究财政纵向失衡影响市场分割的作用路径，分析经济增长目标管理、审计监督强度和转移支付规模在财政失衡影响市场分割中的调节效应，有助于拓展财政失衡对市场分割影响效应的研究。进一步地，采用中介效应模型、有调节的中介效应模型和动态面板门槛效应模型，分别检验财政纵向失衡通过财政横向失衡对市场分割的影响效应，财政纵向失衡在财政横向失衡影响市场分割中的调节效应，以及财政横向失衡在财政纵向失衡影响市场分割中的调节效应。

3）研究方法

在研究方法方面，已有研究在测度市场分割指数时没有剔除地区间运输成本变动的影响，得出的地区间商品市场交易成本差异在很大程度上受基础设施改善的影响，难以体现由制度性因素引起的价格差异。本书在使用相对价格法测度商品市场分割程度的基础上，剔除省域间运输成本变动的影响，最终度量出由制度性因素引起的地区间商品市场交易成本的差异，并以此衡量地区间市场分割程度。由于商品市场和要素市场的关联性，无论以何种形式表现的地方保护政策，最终都会内化到该地区商品消费市场上的价格指数中，因此，本书测度的商品市场分割程度能够反映总体市场分割程度，可以为相对准确地衡量省域间市场分割程度提供有益的补充。

1.3 研究内容与研究方法

1.3.1 研究内容

本书以财政失衡对市场分割的影响为研究论题，研究内容共分7章，具体如下：

第1章为绪论。首先阐述本书的研究背景及研究意义，继而对既有国内外文献进行系统性的梳理和评价，接着介绍本书的研究内容和研究方法，最后概述本书的可能创新点与不足之处。

第2章为财政失衡影响市场分割的理论分析。首先对财政失衡和市场分割的内涵进行界定，其次阐释第一代财政分权理论、第二代财政分权理论、中国式财政分权理论和市场一体化理论的核心思想及其对本书的指导意义，最后论析财政失衡通过地方政府竞争影响市场分割的机理、财政失衡影响市场分割的调节机制，以及财政纵向失衡和财政横向失衡对市场分割交互影响的作用机制。

第3章为财政失衡与市场分割的测度指标和特征事实。本章在科学测度财政失衡与市场分割的基础上，系统分析财政纵向失衡、财政横向失衡和市场分割的时序演变和空间分布特征，以及我国财政纵向失衡、财政横向失衡和市场分割的特征事实，对财政纵向失衡与市场分割，以及财政横向失衡与市场分割趋势相关性进行了解析，为基于问题导向的政策启示提供了依据。

第4章为财政纵向失衡影响市场分割的实证分析。首先，阐述财政纵向失衡影响市场分割的理论，并提出研究假设；其次，构建双向固定效应模型，验证财政纵向失衡对市场分割的影响，并进行稳健性检验和内生性问题讨论；之后，基于地理位置和经济增长速度两个维度，对财政纵向失衡影响市场分割的效应进行地区异质性分析；接下来，基于中介效应模型，从税收“竞底”、财政支出“竞高”和环境规制“竞低”三个层面实证分析财政纵向失衡对市场分割的作用机制效应；最后，运用调节效应模型，检验经济增长目标管理、审计监督强度和转移支付规模在财政纵向失衡对市场分割影响中的调节效应。

第5章为财政横向失衡影响市场分割的实证分析。首先，论述财政横向失衡影响市场分割的理论，并提出研究假设；其次，构建双向固定效应模型，验证财政横向失衡对市场分割的影响，并进行稳健性检验和内生性问题讨论；之后，基于地理位置和经济增长速度两个维度对财政横向失衡影响市场分割的效应进行地区异质性分析；接下来，构建面板联立方程模型，从税收“竞底”、财政支出“竞高”和环境规制“竞低”三个维度，实证分析财政横向失衡对市场分割的作用机制效应；最后，构建调节效应模型，检验经济增长目标管理、审计监督强度和转移支付规模在财政横向失衡对市场分割影响中的调节效应。

第6章为财政纵向失衡和财政横向失衡对市场分割交互影响的实证分析。首先，构建中介效应模型，验证财政纵向失衡通过加剧财政横向失衡对市场分割的影响效应；其次，构建有调节的中介效应模型，验证财政纵向失衡在财政横向失衡影响市场分割中的调节效应；最后，构建动态面板门槛效应模型，验证财政纵向失衡对市场分割的影响存在以财政横向失衡为门槛变量的效应。

第7章为研究结论与政策建议。将第3章到第6章的实证结果进行系统性归纳，并基于问题导向有针对性地从降低财政纵向失衡度、降低财政横向失衡度、规范地方政府竞争行为、优化经济增长目标管理、加强审计监督强度和优化转移支付制度六个方面提出降低市场分割程度的政策建议。

本书的研究框架如图1-1所示：

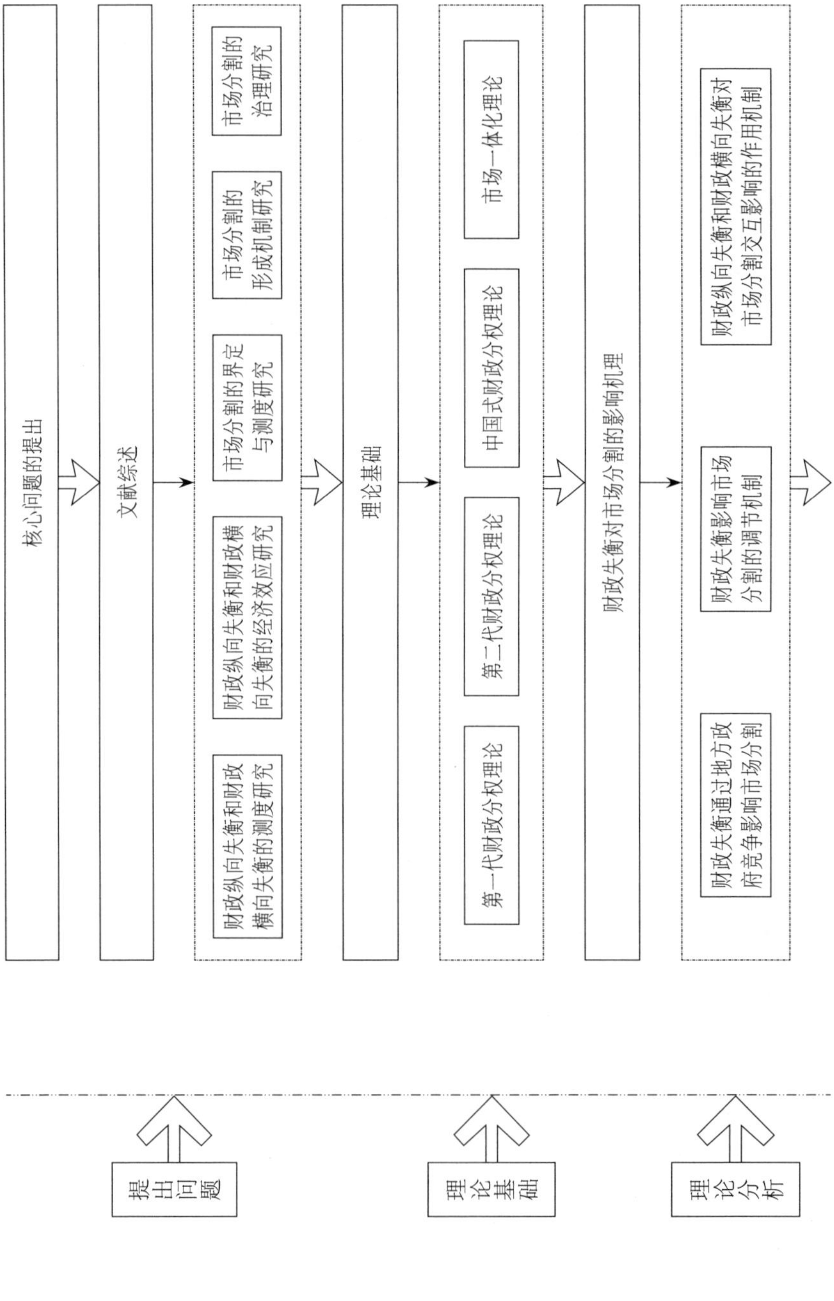
核心问题的提出
文献综述
财政纵向失衡和财政横向失衡的测度研究
财政纵向失衡和财政横向失衡的经济效应研究
市场分割的界定与测度研究
市场分割的形成机制研究
市场分割的治理研究
理论基础
第一代财政分权理论
第二代财政分权理论
中国式财政分权理论
市场一体化理论
财政失衡对市场分割的影响机理
财政失衡通过地方政府竞争影响市场分割
财政失衡影响市场分割的调节机制
财政纵向失衡和财政横向失衡对市场分割交互影响的作用机制
提出问题
理论基础
理论分析

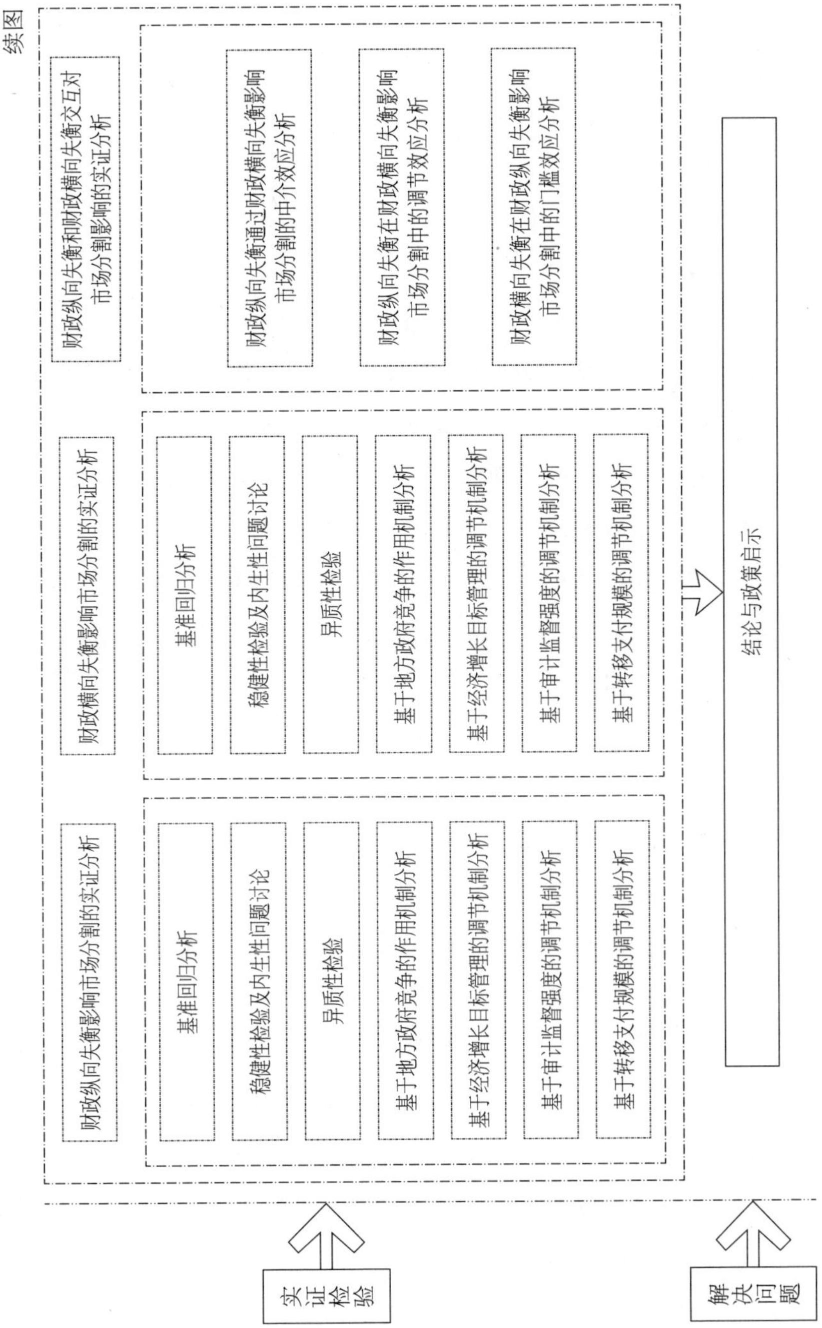
续图
实证检验
解决问题
财政纵向失衡影响市场分割的实证分析
基准回归分析
稳健性检验及内生性问题讨论
异质性检验
基于地方政府竞争的作用机制分析
基于经济增长目标管理的调节机制分析
基于审计监督强度的调节机制分析
基于转移支付规模的调节机制分析
财政横向失衡影响市场分割的实证分析
基准回归分析
稳健性检验及内生性问题讨论
异质性检验
基于地方政府竞争的作用机制分析
基于经济增长目标管理的调节机制分析
基于审计监督强度的调节机制分析
基于转移支付规模的调节机制分析
财政纵向失衡和财政横向失衡交互对市场分割影响的实证分析
财政纵向失衡通过财政横向失衡影响市场分割的中介效应分析
财政纵向失衡在财政横向失衡影响市场分割中的调节效应分析
财政横向失衡在财政纵向失衡影响市场分割中的门槛效应分析
结论与政策启示

图 1-1　研究框架图

1.3.2 研究方法

本书以财政失衡对市场分割的影响为研究对象，研究中主要运用了以下三种方法。

1）比较分析法

在文献综述部分，本书通过比较分析法对国内外相关研究文献进行了系统整理，旨在明确现有研究所作的贡献及存在的不足；在财政失衡与市场分割的特征事实论述部分，本书对比分析了地区之间的财政纵向失衡、财政横向失衡和市场分割的时序演变与空间分布动态特征；在财政纵向失衡影响市场分割的实证分析部分和财政横向失衡影响市场分割的实证分析部分，本书基于地理位置和经济增长速度两个维度，分别研究了财政纵向失衡和财政横向失衡对市场分割的地区异质性影响。

2）理论分析法

从财政失衡对市场分割影响的理论出发，本书在理论层面构建了一个融合第一代财政分权理论、第二代财政分权理论、中国式财政分权理论和市场一体化理论的支撑框架。第一代财政分权理论强调地方政府竞争能显著提升公共产品的提供质量和效率，为分析财政失衡如何通过地方政府竞争机制作用于市场分割提供了理论框架。第二代财政分权理论从政府间信息不对称和地方官员的理性行为出发，强调激励和约束机制对于地方政府行为的重要性。该理论为从审计监督强度和转移支付规模角度研究财政失衡影响市场分割的调节机制提供了理论基础。中国式财政分权理论阐述了地方政府在追求经济增长的政治竞赛中，通过实施税收、财政支出调整及贸易保护措施等竞争策略对市场分割与经济不均衡的影响，地方竞争行为对全国市场一体化的复杂影响，以及顶层设计与地方执行之间相互作用的重要性，为理解财政失衡对市场分割影响提供了重要的分析工具。市场一体化理论为本研究提供了一个宏观的分析框架，强调了制度因素对市场一体化的影响，以及通过消除区域间制度性障碍促进市场融合的重要性。

3）实证分析法

本书对实证分析法的运用主要体现在五个方面：第一，在使用相对价格法测度商品市场分割的基础上，剔除省域间运输成本变动的影响，分析由制度性因素引起的地区间商品市场交易成本的差异，并以此来衡量市场分割程度，为实证分析奠定数据基础。第二，使用双向固定效应模型，检验财政失衡对市场分割的影响，并在此基础上进一步进行异质性分析。第三，构建中介效应模型和面板联立方程模型，从税收“竞底”、财政支出“竞高”和环境规制“竞低”三个维度，分别检验财政纵向失衡和财政横向失衡对市场分割影响的作用机制及其效应。第四，构建调节效应模型，分别检验经济增长目标管理、审计监督强度和转移支付规模在财政失衡影响市场分割中的调节机制效应。第五，运用中介模型、有调节的中介模型和动态面板门槛效应模型，检验财政纵向失衡和财政横向失衡对市场分割的交互影响效应。本书运用实证分析法不仅检验了理论假设，而且得到的研究结论还能为相关政策建议提供依据。

1.4　可能的创新点与不足之处

1.4.1　可能的创新点

与已有研究相比，本书的可能创新点可以归纳为三个方面：

1）以现行分税制财政体制所形成的财政纵向失衡和财政横向失衡为切入点，搭建了财政失衡与市场分割之间关系研究的统一框架已有文献多从财政分权、地方政府竞争、行政性分权、官员晋升和策略性分工的维度对市场分割的影响因素进行探讨，本书从财政失衡的角度进行研究，有助于丰富对市场分割影响因素的研究，也为理解财政体制影响市场分割问题提供了一个新的视角。

2）探究了财政失衡影响市场分割的作用机制与调节机制

已有研究鲜少考察财政纵向失衡和横向失衡对市场分割的传导路径与调节变量及其影响效应，本书从税收“竞底”、财政支出“竞高”和环境规制“竞低”三个维度探析了财政失衡影响市场分割的作用机制及其效应，论析了经济增长目标管理、审计监督强度和转移支付规模在财政失衡影响市场分割中的调节机理及其效应，拓展了财政失衡对市场分割影响效应的研究。进一步地，采用中介效应模型、有调节的中介效应模型和动态面板门槛效应模型，分别检验了财政纵向失衡通过财政横向失衡对市场分割的影响效应，财政纵向失衡在财政横向失衡影响市场分割中的调节效应，以及财政横向失衡在财政纵向失衡影响市场分割上的调节效应，在一定程度上拓展了已有研究的维度和视域。

3）测度了市场分割程度

已有研究在测度市场分割指数时没有剔除地区间运输成本变动的影响，使得测度的地区间商品市场交易成本差异在很大程度上受基础设施改善的影响，难以体现由制度性因素引起的价格差异。本书在使用相对价格法测度商品市场分割程度方面，剔除了省域间运输成本变动的影响，在地区间商品市场交易成本的差异中反映了制度性因素的影响，并以此衡量地区间市场分割程度。由于商品市场和要素市场的关联性，无论以何种形式表现的地方保护政策，最终都会内化到该地区商品消费市场上的价格指数中，因此，本书测度的商品市场分割程度能够反映总体市场分割程度，为相对准确地衡量省域间市场分割程度提供了有益的补充。

1.4.2 不足之处

1）数据使用方面

限于县市级层面数据的可及性，本书主要从省级层面对市场分割程度进行研究，这可能会影响研究的全面性。对此，后续的研究应在县市级数据可及性增强的基础上，进一步测度县市级财政失衡对市场分割程度的影响，从而确保研究的系统性和完整性。

2）机制研究方面

本书从地方政府竞争的角度，研究了财政失衡影响市场分割的作用机制。后续的研究可以从公共服务供给不均等和区域投资偏向等维度对这一领域的研究进行拓展和丰富。

2

财税体制中的财政失衡影响市场分割的理论分析

本章首先对财政失衡和市场分割的内涵进行界定，以明确本书研究对象的口径；其次，阐释第一代财政分权理论、第二代财政分权理论、中国式财政分权理论和市场一体化理论的核心思想及其对本书的指导意义，为本书研究提供理论基础；最后，分别论析财政纵向失衡和财政横向失衡对市场分割的影响机理，以及财政纵向失衡和财政横向失衡对市场分割交互影响的作用机制，为实证分析提供理论依据。

2.1 概念界定

2.1.1 财政失衡的概念

在财政分权体制下，财政失衡是世界各国普遍存在的现象，主要表现为财政纵向失衡（Vertical Fiscal Imbalance，VFI）和财政横向失衡（Horizontal Fiscal Imbalance，HFI）。我国分税制财政体制改革以财权上收与事权下移为主要特征，这种财权与事权的不匹配一方面扩大了地方政府本级财政收入与支出需要之间的财力缺口，另一方面，地方政府间本级财政收入水平差距也趋于扩大，不同程度地形成了财政纵向失衡和财政横向失衡。

1）财政纵向失衡的内涵

财政纵向失衡的内涵可以从传统的财政纵向失衡和非传统的财政纵向失衡两个维度加以阐释。传统的财政纵向失衡概念可从政府间收支不匹配的角度进行解读，这一概念与联邦制国家中的特定体制安排相关，即分权化的支出责任与集权化的融资方式。具体而言，财政纵向失衡是指中央政府和地方政府在相对收入和支出责任上的差异，即在某些联邦制国家中，联邦政府和地方政府在财政收入和支出责任上存在不对等的情况（Wagner，1973）。换言之，各级政府在收入和支出配置上存在不匹配问题，这种不匹配导致各级政府无法通过其税收决策和财政资源来承担其相应的支出责任（Hunter，1977）。Webb（2002）对这一概念内涵进行了补充，从联邦和州政府在相对收入和支出责任方面的差异角度阐述了什么是财政纵向失衡及其如何影响财政政策的制定和执行。Collins（2002）认为，财政纵向失衡不仅强调某级政府的收入筹集权力与其支出责任之间的不一致性，而且这种不匹配可能导致政府在没有其他收入来源时无法用自有收入履行其自有责任。进一步地，Walter（2004）认为财政纵向失衡是指在没有其他收入来源的情况下，政府往往不能用其自有收入来完全承担其自身的责任。概言之，财政纵向失衡在传统维度上被定义为联邦制国家中由于支出责任分权与融资安排集权而产生的联邦政府与地方政府在财政收入与支出责任上的不匹配。

非传统的财政纵向失衡概念主要从政府间转移支付的角度来解释。其基本逻辑是，转移支付是平衡财政纵向失衡的关键手段，由此可以通过转移支付的规模来判定财政纵向失衡的程度。Rodden和Wibbels（2002）将财政纵向失衡定义为下级政府支出在多大程度上依赖于中央政府的转移支付融资，揭示了下级政府的财政自主性与中央政府的财政支持之间的关系。Khemani（2007）进一步提出财政纵向失衡程度可以通过中央政府转移支付收入占地方总收入的比重来衡量。然而，Bird（2003）对财政纵向失衡的概念给出了不同的解读，认为并非所有中央政府转移支付都受到中央政府的严格控制和指导，很多国家的均等化转移支付支出决策权实际上完全掌握在地方政府手中，类似于地方政府对自有收入的支配。因此，简单地以中央转移支付收入在地方总支出或总收入中的比重来判断财政纵向失衡程度可能会夸大实际情况。综合上述观点，财政纵向失衡在非传统维度上被定义为下级政府对中央政府转移支付的依赖程度，这种依赖不仅反映在中央政府转移支付在地方总收入中的占比，还体现在地方政府对中央政府转移支付资金的支配自由度方面。

税收立法权的高度集中是我国财政体制的一个显著特征。中央政府拥有税种设立、税率调整以及收入分配比例的调整权力，相对而言，地方政府在税收方面的自主权受到较多限制。尽管税收立法权高度集中，但财政事权和支出责任的决策权却按照财政分权的改革方向逐渐下放，并通过转移支付的形式转移给地方政府。这种中央与地方之间财政事权和支出责任的分离导致地方政府分担的财政事权和支出责任超出了其本级财政收入的范围，从而引发了地方政府有限的本级财政收入与其日益增加的支出责任之间的矛盾。在财政体制层面上，这种状况体现为中央与地方政府间财政收支的不匹配，即财政纵向失衡的现象（储德银、邵娇，2018）。

综上，本书将财政纵向失衡定义为地方政府本级财政收入与支出需要之间的非对称性缺口，反映地方政府在本级财政收入和支出责任之间的不平衡状态。其中支出责任涵盖了地方政府履行财政事权所必需的支出义务和保障。这一概念框架反映了财政纵向失衡的结构性根源，即中央集中税收权力而将更多的财政事权和支出责任分配给地方政府，导致地方政府的财政能力与其财政责任之间的不对等。

2）财政横向失衡的内涵

财政横向失衡概念由Buchanan（1950）首次提出，意指个人从公共产品中获得的利益与其所承担的税负之间的差异。我国一些学者从地方政府间关系的视角探讨这一概念，认为财政横向失衡指同一国家内不同地区间因经济条件和资源禀赋的绝对性差异造成的财政收入差异（孙开、李万慧，2008）。财政横向失衡不仅体现在收入能力和支出水平上，还体现在公共服务供给能力的差异上（李红霞，2008）。进一步地，由于各地区的资源和经济发展状况不同，财政能力也存在明显差异，因此财政横向失衡可以解释为同级地方政府间财政能力的不一致性（林春、孙英杰，2019）。进言之，财政横向失衡是财政分权的必然结果，表现为同级地方政府间因财政能力、支出水平和公共服务供给能力的差异而导致的财政水平不匹配（储德银等，2019）。王雍君（2019）将地方辖区分为“财政优势区位”和“财政劣势区位”，从财政区位分化的角度来理解财政横向失衡的概念，认为当一国内部的财政区位分化超过合理限度（地区间经济差距的基尼系数大于0.4警戒线）时，就构成了财政横向失衡。

本书将财政横向失衡定义为一个地区的本级财政收入水平与其他地区本级财政收入水平的平均偏离程度，反映在中央转移支付调节之前地方政府所获取的财政资源规模差异。在分税制财政体制下，财政横向失衡具有一定的必然性。就增值税而言，由于不同省份的工商企业数量与经济发展水平等不同，因而人均增值税收入会存在差异，在所得税方面，各地区企业效益水平和居民收入水平存在差异，这会导致不同地区人均企业所得税和人均个人所得税收入规模不同，而增值税、企业所得税和个人所得税作为我国主要税种及共享税，这三个税种税收收入的地区间差距会造成各地区人均收入水平的差异，形成财政横向失衡。

2.1.2 市场分割的概念

界定市场分割的内涵是构建市场分割理论的基础，也是研究市场分割成因和治理问题的逻辑起点。市场分割指的是在多种因素作用下，市场间发生的非一体化状态。这种分割现象大体上可划分为自然和非自然两大类。自然市场分割主要是受到地理环境、文化习俗和交通条件等自然要素影响而形成的市场非整合状况（范欣，2016）。比如，山脉、河流或海洋可能自然地将市场隔开，从而限制了地区间生产要素和商品的流动。此外，不同地区的交通运输条件差异也会影响商品和服务的流通，文化差异和语言障碍也可能会影响人们的消费习惯和商业实践，从而导致市场分割（罗必良等，2022）。非自然状态下的市场分割是指由人为因素造成的市场非整合状态，主要表现为地方政府为了保护本地的税源、就业率等，通过实施设置贸易壁垒、技术壁垒或其他形式的保护主义政策来保护本地区企业或资源。这种市场分割状态是可以通过政策调整与优化而有所改变的，因此是许多相关研究关注的重点。从历史的角度看，市场分割是区域经济发展过程中的一个常态，没有绝对的“自给自足”经济，也没有完全意义上的“统一市场”（张亚光，2023）。概言之，市场分割不仅是一个地理或文化现象，也是一个复杂的经济和政治过程，受国家层面的经济政策、国际贸易，以及地方保护主义等多重因素的影响。

本书将市场分割（Market Segmentation，简称SEG）界定为由制度性因素导致的商品无法按照价格信号在地区间自由流动或商品无法在区域间实现价格同步，妨碍市场正常选择所形成的一种市场结构或状态。鉴于制度性因素与外生性的运输技术进步因素共同影响市场分割程度的变化，为了准确体现制度性因素导致的市场分割程度，本书参考张宇（2018）的研究，在原有的市场分割水平测度基础上剔除外生性的运输技术进步变化的影响。由于商品市场和要素市场的关联性，无论以何种形式表现的地方保护政策，最终都会内化到该地区商品消费市场的价格指数中，因此，本书测度的商品市场分割程度能够反映地区间总体的市场分割程度。

2.2 理论基础

本节通过阐述第一代财政分权理论、第二代财政分权理论、中国式财政分权理论和市场一体化理论的相关内容，并将这些理论与本书研究论题相结合，为厘清财政失衡对市场分割的影响提供理论基础。

2.2.1 第一代财政分权理论

第一代财政分权理论为理解多层级政府体系下中央与地方政府在公共产品供应方面的分工及其合理性提供了重要的学理依据。其核心要义在于，与中央政府相比，地方政府因其具有更大的信息优势和了解本地居民偏好，能够更好地满足辖区居民的公共需求。Tiebout（1956）在一系列假设的基础上提出了“用脚投票”理论，认为居民会根据个人偏好选择税收和支出组合最优的地区，以实现效用和福利最大化。这一过程促使地方政府如同市场主体一样有效率地提供公共产品。Tiebout模型虽未直接讨论地方政府竞争，但阐释了居民通过迁移选择最优公共产品供应地的行为，从而推动地方政府就满足居民多样化公共产品需求展开竞争。Musgrave（1959）进一步区分了中央政府与地方政府在资源配置、收入分配和宏观经济稳定职能中的职责和优势。具体而言，在资源配置方面，地方政府依托对本地需求的了解和地理优势，能更有效地满足当地居民对公共产品的需求。相对地，中央政府则更适合提供具有显著外部性和规模经济特征的公共服务。在收入分配领域，中央政府通过税收和转移支付机制，扮演缩小贫富差距和推动收入分配公平的主导角色。然而，地方政府在执行收入分配职能时可能遇到挑战，如税收政策差异可能导致人口迁移，进而影响地方财政的稳定运行和区域间经济社会平衡。在宏观经济稳定方面，中央政府应承担主要责任，通过财政和货币政策来应对宏观经济问题，而地方政府在此方面的作用有限。Oates（1972）进一步阐明了地方政府在公共产品供给中识别居民偏好的比较优势，并指出地方政府竞争会带来一些负面效应，如为吸引资本而降低税率，或使公共服务支出难以达到最优水平。

第一代财政分权理论不仅阐述了财政分权背景下地方政府提供公共产品的有效性问题，而且还提出地方政府竞争是提高公共产品提供水平和质量的方式，这为本书从地方政府竞争维度展开财政失衡影响市场分割的作用机制分析提供理论依据。此外，第一代财政分权理论关于政府财政职能分工的论述表明，为了更好地履行中央财政的收入分配职能和促进经济稳定与增长职能，需要实施收入集权和支出分权，从而会造成纵向财政失衡，并进一步影响横向财政失衡，这对从财政纵向失衡和财政横向失衡的维度展开其对市场分割的影响，以及研究转移支付在调节财政失衡影响市场分割中的作用具有理论指导意义。

2.2.2 第二代财政分权理论

第一代财政分权理论虽为地方政府功能与优势提供了逻辑支撑，但其“仁慈型政府”的假设并未充分考虑政府官员客观存在的自利动机，且简化了政府间关系的复杂性。作为第一代财政分权理论的深化和扩展，第二代财政分权理论放弃了传统理论中的“仁慈型政府”假设，而将政府官员视为追求个人利益的“理性经济人”，关注地方政府行为及其对经济增长的影响，研究焦点从公共产品的有效供给转移到了政府间财政关系的复杂动态。第二代财政分权理论由 Weingast（1995）、Wildasin（1997）、Qian 和 Roland（1998）等在公共选择理论和委托代理理论基础上构建，其核心思想在于：解释政治和财政激励对地方政府行为的关键影响，揭示激励相容性和机制设计对于实现地方政府有效公共治理的重要性，阐释政府间信息不对称如何影响地方政府的行为。第二代财政分权理论特别强调了“市场维护型联邦制”的意义，认为在财政分权框架内，由地方政府引领的区域间竞争能够促进市场机制的有效运行和地区经济的增长，而在缺乏对地方政府施加适当约束的情况下，官员可能从事政治寻租活动，从而损害公共福利。为此，Qian和Weingast（1997）强调应通过硬化地方预算约束来增加地方政府破坏和扭曲市场活动的机会成本，只有通过构建有效的激励机制与合理的治理架构，中央与地方政府才能实现职责的明确分工与相互责任的承担。

第二代财政分权理论对于理解财政失衡对市场分割的影响具有指导意义。该理论阐释了政府间信息不对称和地方政府官员的理性选择行为，这为分析财政失衡现象如何通过政府行为影响市场结构提供了理论基础。具体来说，地方政府在自利驱动下会采取保护主义措施，如税收竞争和优惠政策，这虽有助于短期内增加地方财政收入，但也会导致市场分割。此外，第二代理论强调激励和约束机制的重要性，这为减少财政失衡带来的市场分割提供了可能的政策路径。例如，通过增强审计监督和转移支付的适度调节，可以缓和地方政府的财政行为，促进市场一体化。这些理论视角对于构建和验证财政失衡对市场分割影响具有重要的理论支撑作用，尤其是为分析财政横向失衡和财政纵向失衡对市场分割交互影响的研究提供了理论分析框架。

2.2.3 中国式财政分权理论

与西方典型的联邦制财政分权模式比较，我国在财政分权改革实践和财政分权体制逐渐完善过程中形成了中国式财政分权理论。中国式财政分权理论揭示了如何通过财政集权和分权，以及财力的集中与分散来平衡中央与地方间的关系，从而保证在充分发挥中央和地方两个积极性的前提下，实现财政体制的规范和有序运行。中国式财政分权理论的主要内容包括三个方面：

1）财政集权与地方经济分权的融合

在党中央集中统一领导下，重大改革由中央设计并自上而下实施，形成了与西方联邦财政分权模式不同的行政性一致同意型财政分权（马万里，2015）。在这种模式下，地方政府作为经济增长的主体，拥有一定的经济自主权，可以激励地方政府和官员在经济发展和财政努力上的主动性。通过给予地方政府一定的财政自主权，能够激发地方政府在财政资源管理、公共服务供给以及经济发展策略上的创新能力（贾康，2015）。中国式财政分权模式有效地结合了中央政策的统一性与地方的经济活力，使得我国能够在保持国家统一的前提下，激发地方政府的积极性，促进了经济的快速增长（吕炜等，2019）。同时，中国式财政分权使得地方政府在中央政府的考核和任免体系下运作，政府官员的晋升与地方经济表现挂钩，产生了“政治锦标赛”现象，驱动了地方官员追求经济快速增长。

2）税收立法权和征管权的高度集中

我国的税收立法权，如税种的开征、税率的设计、税基的调整以及共享税比例的调整等主要由中央政府主导，地方政府只在一些税种税率的选择及税收优惠方面具有一定的权力。分税制改革虽然在一定程度上增加了地方的收入来源，但中央通过调整税率和税种保持了对财政资源的主导权（李炜光，2014）。从税收征管权的变化看，分税制改革将税收征管权赋予了中央政府和地方政府，之后，2018年的税收征管体制改革将国地税征管机构合并，进一步增强了税收的垂直化征管，体现了中央政府在税收征管中的主导地位，确保了税收制度与政策实施的统一性和效率性。此外，虽然地方政府在税收征管方面的权力受到限制，但在中央确定的财政框架内享有一定的财政支出决策权（苗连营，2016）。这种体制安排在保证税收体系统一性的同时，也留给地方政府在财政支出上的一定灵活性，以适应地方的具体需求和优先事项安排的需要。

3）中国式财政分权引发地方政府竞争

樊纲和张曙光（1990）首次引入了“兄弟之争”的理念，用以描述中央与地方政府之间以及地方政府之间的竞争关系，并将这种竞争比喻为家庭中父母与子女间的利益分配机制，指出地方政府与中央政府之间存在于相同领域的纵向竞争，以及地方政府在投资和货币政策等领域的横向竞争现象。政府竞争包括政府间的竞争、政府内部竞争和政府外部竞争，其中既有横向政府竞争也有纵向政府竞争（何梦笔，2013）。从制度竞争角度出发，税收竞争是我国地方政府间制度竞争的一种表现形式（冯兴元，2010），地方政府为了吸引投资和发展经济，采取减免税优惠和补贴政策，从而导致地方政府间争相模仿和竞争。

中国式财政分权理论揭示了如何通过经济分权实现地方财政自主性的提升，以及中央对重大经济改革的顶层设计与地方执行之间的相互作用。地方政府竞争理论强调地方政府在财政资源配置中的竞争策略，在地方政府和官员追求经济增长的“政治锦标赛”与财政失衡的背景下，地方政府竞争主要体现在税收、财政支出和环境规制方面，即地方政府会通过调整税收和公共支出结构来吸引资源，实施贸易保护等措施。地方政府间的这种竞争行为尽管可能会促进地区的各自发展，但在这一过程中可能会导致区域间的经济隔离、整体市场的分割和不均衡状态。因此，中国式财政分权理论为研究财政失衡对市场分割的影响提供了学理依据。

2.2.4 市场一体化理论

市场一体化是资本主义社会中谋求销售剩余产品的一种手段，包括“消极一体化”和“积极一体化”，前者旨在通过消除区域间物理边界来促使市场融合，后者旨在通过消除区域间的制度差异来促使市场融合（Tinbergen，1954）。Viner（1950）从贸易创造和贸易转移角度定量考察区域产品市场一体化形成的标志。Robson（1980）提出了自由贸易区理论，其核心要义在于不同国家加入统一的自由贸易区能够降低或取消内部成员国之间的关税壁垒，以此提高市场一体化水平。Viner（1950）在其关税同盟理论中，以及Robson（1980）在自由贸易区理论中，均提出了一个前提假设，即生产要素不可流动，仅有商品可以自由流动。进言之，随着市场一体化的深入发展，当资本、劳动力等生产要素在区域内开始自由流动时，便标志着共同市场的诞生。共同市场代表了一种比关税同盟和自由贸易区更高阶的区域一体化形式。此类市场的扩展有助于更有效地利用规模经济，促进市场一体化的进程。市场一体化的更高形态包括货币、财政及税收政策、社会政策的一体化。Balassa（1961）详细论述了这种高级形式的市场一体化及其产生的资源配置效应。

近年来国内学者对市场一体化理论的探究主要集中在全国统一大市场方面。国内统一大市场是指国内市场形成规则统一、竞争充分、高度开放、运行有序的基本格局，具有规模巨大、结构完整、功能强大、机制灵活和环境优化等内在性质，是顺利地实现国内外经济循环和扩大再生产的依托（刘志彪、孔令池，2021）。由于地方政府在建设全国统一大市场上存在“囚徒困境”行为，所以建设全国统一大市场的关键是要把统一大市场的收益内在化，从制度上解决建设统一大市场中地方政府“囚徒困境”行为所带来的无效率现象（罗小芳、卢现祥，2023），而理顺政府与市场关系成为加快建立全国统一大市场的一个核心环节，尤其是要从财政角度打通国内大循环的体制机制障碍（何代欣，2023）。另外，构建全国统一大市场是一项需要中央和地方相互配合、相向而行的系统工程，要实现地方政府经济行为从造成市场分割到促成市场统一的转变，需要完善央地互动关系，优化横向府际联系，其中顶层设计的着力点应置于提升政策执行的统一性、减少地方政府间无序竞争以及为形成构建国内大市场的长期激励创造条件，同时地方政府间协同与合作机制安排应更加合理可行（王晓东、张昊，2023）。

市场一体化理论对本书的指导意义在于：第一，市场一体化理论揭示了制度对市场一体化进程的深远影响，有助于从财政体制的角度理解财政失衡与市场分割的联系，为研究财政失衡对市场分割的影响提供了一个理解市场结构和运作机制的理论框架。第二，市场一体化理论强调不同地区在自然禀赋、文化习俗和信息传播等方面的差异对市场一体化的影响，这为分析财政失衡影响市场分割的地区差异提供了机理依据。第三，市场一体化理论强调通过消除区域间制度性障碍来促进市场融合的重要性，这为通过优化制度设计和地方政府行为来调节财政失衡与市场分割的关系提供了重要理论支撑。

2.3　财政失衡对市场分割的影响机理

地方政府竞争是财政失衡对市场分割影响的作用机制，经济增长目标管理、审计监督强度和转移支付规模是财政失衡对市场分割影响的调节机制。此外，财政纵向失衡会通过财政横向失衡影响市场分割，财政纵向失衡在财政横向失衡影响市场分割中能发挥调节作用，财政横向失衡在财政纵向失衡影响市场分割中具有门槛效应。基于此，本节将系统分析财政失衡影响市场分割的作用机制和调节机制，以及财政纵向失衡和财政横向失衡对市场分割交互影响的作用机制，进而为本书第4章、第5章和第6章的实证检验提供理论依据。

2.3.1 财政失衡通过地方政府竞争影响市场分割

地方政府竞争是财政失衡影响市场分割的一个重要作用机制。分税制财政体制下，地方政府竞争是理解地方政府行为和治理模式的一个关键视角。我国地方政府竞争模式已由最初以税收竞争为主转变为税收竞争和支出竞争并行，且支出竞争的影响逐步显著（钟晓敏，2004）。税收竞争被视为地方政府竞争的基础阶段，本质上属于价格竞争。而支出竞争，则通过改善生产要素的外部环境以吸引流动资源，代表了地方政府竞争的进阶形式（万莹，2005）。近年来，受资源稀缺性的驱使，地方政府之间主要以税收“竞底”、财政支出“竞高”以及环境规制“竞低”三种方式展开竞争（郭栋、胡业飞，2019），其中税收“竞底”主要表现为各地竞相对那些与企业运营成本密切相关的税种提供优惠税率。财政支出“竞高”主要表现为各地为展示其经济实力和投资吸引力，在财政支出规模上的相互比较与竞逐。环境规制“竞低”主要表现为各地竞相降低环境投资门槛、放宽排放量要求或提供环保减免。环境规制“竞低”虽然短期内能够为地方政府吸引投资和促进经济增长提供优势（张振波，2020），但长期来看会导致生态环境风险的增加和治理效能的下降。财政失衡通过加剧地方政府竞争而影响市场分割，具体表现为财政纵向失衡和财政横向失衡通过税收“竞底”、财政支出“竞高”、环境规制“竞低”影响市场分割的程度。

1）财政失衡、税收“竞底”与市场分割

第一，财政纵向失衡对税收“竞底”的影响。在分税制财政体制下，税收分成制度是影响财政纵向失衡的重要因素。尽管分税制改革赋予了地方政府一定的税收征管权，但地方政府在税收立法及法定税率调整方面没有权力，地方政府的税收收益主要取决于中央政府的税收分成安排。例如，2002年企业所得税从地方税被重新定义为中央与地方共享税（胡洪曙、郭传义，2014），中央和地方的初始分成比例为50：50，2003年这一比例被调整为中央60%、地方40%。此外，2016年增值税的分成比例也从中央占75%、地方占25%调整至中央和地方各占50%。这些调整均为中央政府的决策结果，从而使"共享税"在实质上更接近于中央税，而分给地方的部分可以视为中央对地方的无条件转移支付。这种制度设计使得地方政府在面对其持续增加的财政支出责任时，尤其是当地区生产总值和财政收入增长成为地方政府的主要考核指标时，会为了争夺更多的税基资源而展开激烈的竞争，即地方政府采取降低实际税率、减免费用和递延税款等措施来吸引企业和资本（张莹、王雷，2016），很多地方还通过设立经济开发区的方式以提供更有力的税收及其他补贴优惠政策，从而进一步强化了税收竞争策略（侯卓，2023）。虽然国税地税机构合并后，以国家税务总局为主并与省（区、市）人民政府双重领导的管理体制将进一步削弱税种的属地化倾向，但是在实践中，地方政府依然不会轻易放弃通过税收竞争实现对资源的争夺（谷成、张家楠，2022）。

第二，财政横向失衡对税收"竞底"的影响。财政横向失衡主要源于地区间本级财政收入水平的显著差异。这种差异表现为在中央转移支付调节前，各地方政府财政资源配置的不均衡。财政资源较充裕的地区能够灵活运用财政手段促进经济发展，而资源较匮乏的地区则面临财政压力，急需提升财政收入来平衡预算（刘书明、王惠，2023）。面对这种压力，资源较匮乏的地区往往采取降低实际税率、提供税收优惠、减免费用和递延税款等措施以吸引企业和资本投资，这些措施反映了地方政府应对财政横向失衡的适应性调整（刘滨，2023），同时也加剧了地区间税收政策的差异。此外，地方政府通过设立特殊经济区域或提供其他补贴优惠政策，进一步强化了税收竞争（吕冰洋等，2022）。这表明财政横向失衡下的税收“竞底”不仅是地方政府独立决策的结果，更是地方政府间相互作用和反应的复杂过程。地方政府的财政策略一方面受自身财政状况的影响，另一方面也受其他地区政策的牵引，当资源较为匮乏的地区通过降低税率和提供税收优惠等手段吸引投资时，邻近的或具有相似经济结构的地区也会被迫采取类似的措施来保持竞争力，这种连锁反应导致更广泛的地区参与到税收“竞底”中，进一步加剧了地区间税收“竞底”（锁利铭，2023）

第三，税收“竞底”对市场分割的影响。地方政府间的税收“竞底”策略导致了不同地区的实际税率差异化（吕冰洋和贺颖，2019），这不仅体现在某些税种上，甚至在管理最为严格的增值税方面，由于税收征管和税法执行力度的区别，也造成了有效税率的地区性差异（陈晓光，2013）。税率的差异化进一步导致了不同地区企业的税收负担、利润和产品价格的异化，最终表现为市场分割。“营改增”改革之后，营业税作为地方政府的主体税种已不存在。这种变化意味着地方政府间对于增值税、企业所得税等流动性税基的争夺将变得更加激烈。在经济增长和税收收入增长的双重驱动下，地方政府税收“竞底”策略更倾向于那些具有高投入和高产出特点的行业，而不是全面地覆盖所有行业（王光，2021）。这种选择性的税收优惠策略实际上妨碍了市场的有效性，同时，对资本流向的差异化影响也进一步加剧了市场分割的程度。

2）财政失衡、财政支出“竞高”与市场分割

第一，财政纵向失衡对地方财政支出“竞高”的影响。财政纵向失衡是促使地方政府采取财政支出“竞高”策略的一个动因。在分税制财政体制下，财政纵向失衡对地方政府支出行为和财政策略会产生

重要的影响，一方面，地方政府为了吸引企业投资而将财政资金投入到影响企业投资决策的关键项目和关键领域中，如交通、水电和环境等硬件基础设施的投资；另一方面，地方政府实施教育投入和人才引进策略等（杜一华，2020），财政资金投入策略的多样性和复杂性加剧了地方政府间的竞争。换言之，为了获得竞争优势，地方政府不仅会加大生产性支出，如基础设施建设和产业扶持，也会在非生产性领域，如教育等基本公共服务方面加大投入。地方政府这种财政支出“竞高”策略是其在财政纵向失衡的压力下，努力通过增加吸引力和竞争力的方式来促进本地区的经济发展（吕冰洋、陈怡心，2022），结果会导致各个地方财政支出规模竞相扩大。

第二，财政横向失衡对地方财政支出“竞高”的影响。财政横向失衡也是影响地方财政支出“竞高”的一个重要因素。在我国地方政府体系中，财政横向失衡源于地区间的经济发展不平衡，以及产业基础、自然资源、人口结构和地理位置等方面的差异。经济发达地区往往拥有更好的税收基础和更多的财政资源，而经济相对不发达地区的财政收入规模相对较小（郭栋、胡业飞，2019）。地方之间财力的不均衡会对地方财政支出策略形成直接影响，一方面，具有较大财政优势的地区会不断扩大财政投入以维持和提升其竞争地位；另一方面，具有较小财政优势的地区为了追赶和避免被边缘化也会加大财政支出，尽管这会加剧其财政风险（王铭槿、李永友，2022）。财政横向失衡引致了“追赶”或“竞高”的财政支出竞争模式，这种模式会在很大程度上助推地方政府的策略性支出行为，即无论是财政能力强还是财政能力弱的地区，都会努力通过增加公共投资来提升自身的吸引力和竞争力。

第三，地方财政支出“竞高”对市场分割的影响。地方政府的支出竞争可分为生产性支出与非生产性支出（刘红芹、耿曙，2023）。

无论是生产性支出还是非生产性支出，地方政府间的支出竞争都会加剧资源配置不均与市场环境的差异性，从而助推市场分割程度的加剧。具体而言，生产性支出主要集中于那些能够直接刺激经济增长和带来明确经济效益的领域，例如基础设施建设、技术研发和产业扶持。非理性的生产性财政支出竞争会扭曲地区间及产业间的资源配置情况，进而放大地域经济差异，推动某些资产价格上升，甚至引发经济泡沫，从而导致市场分割的加剧。非生产性支出则主要涉及那些不直接驱动生产与经济增长的领域，如社会福利和行政管理。严重超越地区发展现状的非生产性财政支出竞争会加剧区域间市场环境与社会福利的待遇差异（赵海益、贾驰，2016），从而进一步深化市场分割。

3）财政失衡、环境规制“竞低”与市场分割

第一，财政纵向失衡对环境规制“竞低”的影响。在财政纵向失衡下，地方政府在追求短期经济效益的过程中往往会选择较为宽松的环境保护政策，这折射出地方政府在有限的财政资源和经济增长目标之间的适应性权衡（汤旖璆等，2023）。在分税制财政体制下，财政纵向失衡表现为中央政府对主要财政资源的集中控制与地方政府在财政资源获取上的相对有限。这种结构上的失衡导致地方政府在满足自身支出需求，特别是在实现中央政府设定的经济增长目标时往往面临一些挑战。在地方政府的政绩与其辖区内的地区生产总值增长紧密相关（周黎安，2004）的政绩评价体系中，环境管理权力的下放赋予地方政府较大的自由裁量权，使其能够根据地区的经济需求调整环境规制的严格程度以响应中央政府对经济增长强度的要求（祁毓等，2014）。面对财政资源不足和经济增长的双重压力，地方政府通常倾向于采取较为宽松的环境管理策略（朱喜群，2017），尤其对于污染密集型产业，地方政府更倾向于通过放宽环境标准来吸引投资以促进短期内的经济增长（陈钊等，2022）。由财政纵向失衡导致的这种环

境规制“竞低”策略使地方政府间形成了一种普遍的竞争模式，即在经济增长竞争的过程中，地方政府间会互相效仿，竞相通过降低环境标准来吸引企业和投资。

第二，财政横向失衡对环境规制“竞低”的影响。财政横向失衡不仅能加剧地区间的经济和环境差异，而且也可以推动地方政府在环境规制上的相互竞争，形成环境保护标准的“底线竞赛”现象。一方面，在经济增长的压力下，财政横向失衡导致的财力差异迫使财力较弱的地区积极寻找更多的财政收入来源。对此，这些地区往往选择放宽环境规制标准，以吸引那些寻求低成本运营环境的高污染企业（胡思佳、徐翔，2021）。这种策略虽然在短期内能够为当地带来投资和税收，但实际上加强了地方政府间在环境规制方面的竞争。另一方面，财力较强的地区虽然有能力实施更严格的环境规制，但为了保持其在区域经济中的竞争优势，防止投资流向那些环境标准更低的地区，也会采取某种程度的放宽策略。由此导致了环境规制竞争的“底线竞赛”，即地方政府之间竞相降低环境标准。此外，财政横向失衡格局下的地区间的发展不平衡，不仅体现在经济领域，也深刻影响着地方政府的环境治理水平。财力较弱的地区在追求经济发展的同时，往往缺乏足够的资源来应对因环境放松造成的长期环境问题（刘莎、刘明，2020），这也使得地方政府间的环境规制“竞低”较为激烈。

第三，环境规制“竞低”对市场分割的影响。在全球化和区域竞争日益激烈的语境下，地方政府在制定环境规制政策时面临着如何在促进经济增长和承担环境保护责任之间平衡的挑战。由于不同地区的经济发展水平、产业结构和环境保护需求各异，因此各地在环境规制的标准上往往存在显著差异（孙博文，2020），这反映出地方政府在追求经济增长与维护环境保护之间的不同取舍。面对环境规制标准的差异，企业在选址决策时往往会考虑各地区环境规制的严格程度。一些企业为了减少对清洁生产技术或环保设施的投资，倾向于选择环境规制较宽松的地区（张同斌，2017）。通常情况下，高污染和高排放的产业会倾向于集中在环境监管较宽松的地区，而对环境要求严格的产业则会集中在环境标准较高的地区（余泳泽、尹立平，2022），这种产业布局的趋势会在很大程度上加剧地区市场分割程度。

2.3.2 财政失衡影响市场分割的调节机制

1）财政失衡影响市场分割的调节机制：经济增长目标管理

第一，经济增长目标管理在财政纵向失衡影响市场分割中的调节机理。经济增长目标管理意指政策制定者宣布一定时期的增长目标并据此配置资源的一系列策略（徐现祥、刘毓芸，2017）。在我国特有的制度背景下，“晋升锦标赛”体制使得地方政府展现出强烈的推动地区经济增长的动机（杨志军、高小平，2022）。由于经济增长目标显著地具有政治导向、强制性约束和高度的执行效率（胡深、吕冰洋，2019），经济增长目标常常与政绩考核机制紧密结合，层层分解至各级政府和部门，并进一步细化至具体的实施实体和人员，某些地方甚至采用“目标责任书”或“目标责任状”的形式确保目标得以实现（周媛媛，2020）。这表明经济增长目标不仅仅是一个经济增速的期望值，经济增长目标一旦确定，地方政府会组织动员全部资源来努力加以实现。

经济增长目标带来的压力，及其衍生出的地方财政支出需求会进一步加剧财政纵向失衡状况，使经济增长目标的压力对地方财政支出产生了明显的放大效应（龚锋、陈子昂，2022），甚至增加了公共财政资源浪费的风险（任晓怡等，2020）。事实上，经济增长目标每提高 1%，地方财政支出平均随之增加 1.148%（李婉，2007）。由此，在地方政府预算内收入持续偏低的情况下，经济增长目标会加剧财政纵向失衡，进而对财政纵向失衡加剧市场分割产生调节作用。

第二，经济增长目标管理在财政横向失衡影响市场分割中的调节机理。经济增长目标管理也是财政横向失衡对市场分割影响效果的调节机制。在分税制财政体制下，地方政府对辖区经济增长和辖区财政收益承担一定的权责（刘滨，2023）。为了保障目标约束的有效性，中央政府构建了以地区生产总值增长率、工业增加值和财政收入增长率等为关键量化指标的绩效考核机制，使得地方政府政绩与地区经济增长目标紧密联系（吕冰洋、陈怡心，2022）。在这种背景下，中央政府不仅为各地明确地设定了不同的预期经济增长目标，而且还会据此对优势资源进行差异化的地区分配（徐现祥、刘毓芸，2017）。中央政府在资源配置时，会更倾向于赋予那些具有较好经济基础或较高预期回报的地区更多的优势资源（冯曦明、张仁杰，2021）。这进一步巩固了经济发达地区的领先地位，使其获得了超出其固有优势之外的额外支持，使得经济发达地区得以制定并执行更加全面和高效的激励政策，从而进一步增强其对投资的吸引力，助推其持续的经济繁荣。持续的资源和政策偏好会形成一个自我强化的循环，使得资源优势地区保持并加强其领先地位，而那些处于不利地位的地区则更难以取得突破，最终表现为地区财力差距的不断扩大。由此，经济增长目标管理加剧了财政横向失衡，进而会在财政横向失衡加剧市场分割中发挥调节作用。

2）财政失衡影响市场分割的调节机制：审计监督强度

第一，审计监督强度是财政纵向失衡对市场分割影响效果的一个调节变量。在分税制财政体制下，地方政府主要以“中央政府代理人”的身份执行财政职能。尽管地方政府拥有一定的支出裁量权，但中央政府在财政资源配置和宏观调控方面仍保持主导地位（刘家轩，

2022)。为了确保地方政府恰当实施中央政府的目标与政策，中央政府将审计监督作为一个关键的监督工具（庄尚文，2017）。审计监督被视为国家治理中的“免疫系统”，在地方财政资金的使用中发挥关键的约束作用，可以在财政资金使用的事前、事中和事后分别发挥预防、抵御和揭示功能（张军等，2021）。具体而言，审计监督的事前预防机制可以预警、防范财政资金在拨付以及使用环节的风险隐患；审计监督的事中抵御机制一方面可以通过查惩地方官员贪腐行为（黄溶冰、赵谦，2015），充分发挥其在权力配置与运行过程中相互制衡作用（刘家义，2015），保证财政资金和公共资源不被侵占（韦德洪等，2010；刘雷等，2014），另一方面可以通过揭露财政违规支出行为（黄溶冰、乌天玥，2016），提高地方财政透明度（朱荣，2014），能够减少或避免财政资金被不当挪用；审计监督的事后揭示机制通过监督和检查财政资金使用情况，能够杜绝管理中的漏洞以及填补制度空缺。我国自2015年对公共资金实行审计全覆盖以来，审计范围及其质量得到了大幅度提升，增强了对地方政府行为的规范力度。由此，提高审计监督强度能够有效约束地方政府行为，显著降低财政纵向失衡现象，从而会在一定程度上减低财政纵向失衡对市场分割加剧的影响。

第二，审计监督在财政横向失衡对市场分割的影响中发挥着调节作用。审计监督在国家治理结构中扮演着一种内生的“免疫机制”角色（刘茜、许成安，2018），具有弱化财政横向失衡加剧市场分割影响的调节功能。与传统的审计功能，如检查财务错误、揭露舞弊（Dicksee，1905）或经济监督相比，现代审计更多地关注问责与绩效评估（杨茁，2006），以及其他与法制完善、风险规避等关联的功能，以确保地方财政健康、稳健运行。在财政横向失衡格局下，相对于经济发达地区，欠发达地区往往在更大程度上存在法制不健全和市场化程度较低的问题（王树华、张军，2023），从而导致这些地区政府预算的偏离度较高。在这种情境下，强化审计监督对于纠正欠发达地区财政偏差具有特殊的意义（王清，2023）。此外，相对于预算收入，审计活动更倾向于对预算支出进行严格监管（马海涛、姚东旻，2023）。因此，提高审计监督强度会更显著提升欠发达地区的财政支出效率（胡晓东、高艳慧，2023）。随着这些地区财政支出的规范化与合理化，预算收入的压力会相对减小，由此审计监督强度可以在财政横向失衡加剧影响市场分割方面产生调节效应。

3）财政失衡影响市场分割的调节机制：转移支付制度

分税制实施以后，转移支付作为财政收入再分配机制发挥了一定的财力协调作用，有效缩小了地方政府的财力差距和央地财政纵向失衡水平（曹志伟等，2023）。因此，转移支付在财政失衡对市场分割的影响效果中会起到调节作用。

第一，转移支付在财政纵向失衡影响市场分割中的调节机理。在分税制财政体制下，作为中央政府向地方直接提供财政资金支持的方式，转移支付在调节中央与地方财政关系方面可以发挥重要的作用，扩大转移支付规模能够直接弥补地方财政非对称性缺口，缓解地方财政压力，减轻地方政府对本级税收的依赖（杨六妹等，2022），矫正由于税收分配机制导致的财政纵向失衡。从转移支付的形式看，专项转移支付和税收返还通常与地方政府的税收征管效率和财政管理能力挂钩，不仅为地方政府提供了必要的财政资源，还能够鼓励地方政府提高税收征管效率和优化税源结构（田彬彬、谷雨，2023），从而增强地方政府的财政自给能力，以此弱化财政纵向失衡程度。从地方政府的角度看，转移支付规模的扩大能够使地方政府有能力进行更为合理的财政支出分配（张启春、苗子豪，2022），在保持财政稳定的同时，投资于更广泛的公共服务和基础设施建设（谷成、张洪涛，

2021），而非单纯依赖吸引投资和促进短期经济增长的策略，这种优化的支出结构有助于提升地方政府的长期发展能力（范永茂、马瑶，2021），在长期意义上可以进一步弱化财政纵向失衡。由此可见，转移支付规模的扩大有助于弱化财政纵向失衡，进而对财政纵向失衡加剧市场分割的影响产生调节作用。

第二，转移支付在财政横向失衡对市场分割的影响效果方面发挥着调节作用。针对地区实际情况和发展需求而扩大转移支付规模能够减少地区间本级财政收入水平的差异，从而有效降低财政横向失衡水平。首先，转移支付对地区间财力均等化会产生重要的影响。实现地区间财力均等化是转移支付的重要功能目标，财力均等化转移支付根据各地区标准化后的财政支出和财政收入之差进行资金分配（郝春虹等，2022），财政收入较低的地区会获得较多的均等化转移支付资金。在这种机制下，较富裕地区的财政优势被相对削弱，而较贫困地区则获得额外的财政支持，从而有助于缩小地区间的财政差距（樊丽明、解垩，2023），由此可以降低因本级财政收入差异而产生的财政横向失衡程度。其次，转移支付通过“扶弱”和“奖优”的分配原则，能够对地方政府行为的激励发挥调节作用。对于经济落后或基本公共服务供给水平较低的地区，“扶弱”原则确保了这些地区能够获得更多的财政支持，以改善其基础设施和公共服务水平（谢贞发，2019）。相反，“奖优”原则能鼓励经济发展较快或基本公共服务供给水平较高的地区持续改进其政策和治理（焦长权、王伟进，2023）。这种激励调节机制在确保财政资源有效配置的同时，也能对地方政府改善财政收入和支出结构，以及提高财政管理效率发挥正向激励作用。因而扩大转移支付规模有助于减少地区间的财政差异，并降低财政横向失衡对市场分割的影响程度。

2.3.3 财政纵向失衡和财政横向失衡对市场分割交互影响的作用机制

财政纵向失衡和财政横向失衡不仅能分别对市场分割程度产生影响，而且这两个方面可以对市场分割形成交互影响。其相互影响逻辑与作用机制主要表现在三个方面：一是财政纵向失衡通过财政横向失衡影响市场分割，即财政横向失衡作为财政纵向失衡影响市场分割的中介变量发挥作用；二是财政纵向失衡作为财政横向失衡影响市场分割的调节变量；三是财政纵向失衡对市场分割的影响存在以财政横向失衡为门槛变量的门槛效应。前两个影响效应虽然本质上都是研究财政纵向失衡如何通过财政横向失衡影响市场分割，但它们的侧重点和逻辑结构有所不同（赵安琪、吕康银，2022），第一个方面强调中介机制效应，关注在连续的相互因果影响链条中，财政纵向失衡首先导致财政横向失衡，然后财政横向失衡再进一步影响市场分割。第二个方面强调财政纵向失衡如何增强或放大财政横向失衡对市场分割的影响，把财政纵向失衡作为一个调节变量，分析财政纵向失衡在财政横向失衡对市场分割的影响程度中的调节效应，或者财政纵向失衡如何增强或放大财政横向失衡对市场分割的影响（孙莹等，2023），因而更偏向于调节作用，而不仅仅是中介作用。

1）财政纵向失衡通过财政横向失衡影响市场分割

揭示财政纵向失衡通过财政横向失衡影响市场分割的逻辑关系，需要分析财政纵向失衡如何对财政横向失衡产生影响，以及财政横向失衡如何对市场分割形成影响。鉴于本书在财政失衡通过地方政府竞争影响市场分割的部分已阐释了财政横向失衡如何通过地方政府竞争影响市场分割的机理，因而在此阐述财政纵向失衡如何对财政横向失衡产生影响。财政纵向失衡对财政横向失衡的影响揭示了中央与地方的财政关系对区域财力差异的影响（王欣亮、刘飞，2021）。财政纵向失衡主要通过影响地区间经济发展的均衡性来影响财政横向失衡程度，主要表现在以下三个方面：

首先，财政纵向失衡通过制约地方政府在关键公共服务和基础设施投资上的能力会影响地区间经济发展的均衡性。财政纵向失衡导致地方政府在满足教育、医疗和基础设施等公共需求与有限的财政资源之间出现不匹配，这在经济欠发达地区表现得尤为突出（宋易珈等，2024；王春婷，2020）。这不仅削弱了地方政府促进地方经济增长和提升居民生活质量的能力，而且通过降低公共服务的质量和可及性，间接加剧了地区间的经济发展不平衡（李国平、何晶彦，2023；王泽彩，2023）。此外，优质公共服务的缺失可能导致人才外流，进一步扩大地区间的发展差距（储德银等，2023）。

其次，财政纵向失衡通过限制地方政府的经济创新与产业升级能力（于井远、王春元，2021）会影响地区间经济发展的不平衡。在财政收支不平衡的压力下，地方政府往往缺乏支持科技创新和产业转型的充足资金，这在一定程度上限制了地区经济多元化发展和竞争力的提升，尤其是对那些经济基础薄弱、亟须转型升级的地区而言，财政纵向失衡的负面影响尤为显著。

最后，地区间经济发展的不平衡效应进一步加剧了财政横向失衡。地区经济发展水平和公共服务能力的差异导致地方政府财政收入能力的进一步分化（宣晓伟，2024）。经济发达地区能够借助其经济活力通过税收等手段增加财政收入，而经济欠发达地区则面临财政收入不足的困境。在中央政府的转移支付未能完全弥补这一差距的情况下，地区间财政资源的分配不均问题愈发严峻，导致财政横向失衡现象的进一步加剧。

2）财政纵向失衡对财政横向失衡影响市场分割的调节机理

财政纵向失衡不仅可以通过财政横向失衡影响市场分割，而且财政纵向失衡程度还会强化或弱化财政横向失衡对市场分割的影响效应，换言之，财政纵向失衡会调节财政横向失衡对市场分割的影响效果。分税制财政体制下，较大的财政纵向失衡现象不仅是一种财政资源分配与责任承担上的不均衡状态（庞瑞芝等，2021），而且对地方政府的资源获取能力和策略选择也产生了重要影响。较高程度的财政纵向失衡，创造了一个地方政府对财政资源变动极为敏感的环境，特别是在地方政府本级财政收入远远无法满足其支出责任的背景下更是如此（魏福成，2020）。在这种环境下，地方政府面临更大的资源分配压力（郭威、李泽浩，2024），也会感受到来自其他地区财政资源获取能力的差异性压力（蔡庆丰、陈熠辉，2023）。

由于地方政府的财政资源获取能力受限，使得任何可能影响其本级财政收入的变动都会引起其对财政稳定和发展能力的极大关注，促使地方政府更倾向于采取保守或防御性的策略，如通过增加地方税收收入或设立非税收入渠道来增加财政收入（刘滨，2023），以及采取更加极端的策略来保护自身的财政利益和经济发展空间（吕冰洋等，2024）。此外，地方政府还会通过限制跨区域经济活动来保护本地经济利益，以减少财政资源的流失和确保财政收入的稳定性。总之，在财政纵向失衡程度较大的背景下，地方政府对财政资源的变动具有较高的敏感性，在财政资源分配上产生了一种自我强化的现象，这些策略选择的根本动因在于地方政府通过各种手段最大化地保障和增加地方财政收入，以更好地履行支出责任和保持地方经济的稳定增长。这些措施虽然短期内有助于地方政府应对财政压力（蔡国材等，2023），但从更广泛的角度来看，却会加剧财政资源的不均衡配置，进一步加深地区间的经济隔离和市场分割，影响市场运作的整体效率和一体化进程。其深层次的原因在于，财政体制结构性的不均衡和资源配置机制的不完善对地区间的经济协调发展和市场一体化产生了不利的影响。比较而言，在较低的财政纵向失衡程度语境下，地方政府拥有较为充裕的本级财政收入来源，能较好地满足其支出责任的需要，因此对财政资源变动的敏感性较低，进而对市场分割的影响程度较小。

3）财政横向失衡对财政纵向失衡影响市场分割的调节机理

财政纵向失衡对市场分割的影响还存在以财政横向失衡为门槛变量的门槛效应。随着财政横向失衡程度的提高，即地区间财政资源获取能力差异的增加（孙开、沈安媛，2020），地方政府在面对财政纵向失衡即收支不平衡的压力时，其采取的应对策略及其对市场分割的影响也会随之发生变化。当财政横向失衡达到较高程度后，不仅影响政策制定差异化和跨区域合作的实现，而且会削弱中央政府的宏观调控能力，由此会加剧财政纵向失衡对市场分割的影响，这主要表现在以下三个方面：

首先，在财政横向失衡程度较低的情况下，地方政府间的本级财政收入差异较小，可能会促进政策的协调性和一致性。地方政府倾向于采取开放和协同的政策，如实行共同市场规则和税收优惠措施，促进资源在更广泛区域内的流动（孙久文、周孝伦，2024），由此会减轻市场分割程度。此时，财政纵向失衡对市场分割的影响较为有限，因为政策一致性有助于维持市场的整合状态。随着财政横向失衡程度的提高，地方政府面临的财政资源匮乏压力加剧，导致各地政府采取保护本地经济和财政利益的政策措施，例如设立贸易壁垒和优惠地方企业政策。这些保护性措施导致政策制定的差异化显著增加（孙久文等，2017），妨碍了商品和资本在全国范围内的自由流动，会加剧市场的非一体化状态，进而强化了财政纵向失衡对市场分割的影响。

其次，财政横向失衡会增大跨区域合作的难度。在财政横向失衡程度较低的情境下，由于财政资源分配相对均衡，地方政府之间的信任水平较高，能够促进跨区域合作的发展（王轶昕、贠菲菲，2022）。这种合作有助于资源的优化配置和实现基本公共服务均等化，进而会在很大程度上减轻市场分割程度。然而，随着财政横向失衡程度的加剧，不仅会加深地方政府间的财政资源不均衡分配，也会加剧地方政府间的不信任和竞争，降低跨区域合作的可能性。这使得财政纵向失衡的影响通过限制资源流动和信息交流的渠道被进一步放大，进而加剧市场分割。

最后，财政横向失衡会削弱中央政府的调节能力。在财政横向失衡程度较低的情境下，中央政府通过财政转移支付等手段能够较为有效地调节财政纵向失衡，由于地区间财政收入能力的差异较小，因此政策设计和实施相对简单和高效（夏杰长、刘诚，2022）。随着财政横向失衡程度的提高，中央政府在实行转移支付和其他调节措施时会面临更大的挑战。财政资源的不均衡分配要求中央政府在政策制定时需考虑各地区之间显著的收入能力差异，这不仅增加了政策设计的复杂性，也会导致对财政纵向失衡地区的支持力度不足，从而会间接加剧市场分割。

3

财税体制中的财政失衡与市场分割：测度指标与特征事实

本章对财政纵向失衡、财政横向失衡与市场分割的程度进行测度，在此基础上，全面分析财政纵向失衡、财政横向失衡和市场分割的时序演变和空间分布的动态特征，为基于现实考察的政策建议提供依据。

3.1 财政纵向失衡的测度指标与时空特征

3.1.1 财政纵向失衡的测度指标

财政纵向失衡测度指标设计是分析财政纵向失衡程度的重要前提。本书参考蔡庆丰和陈熠辉（2023）、储德银等（2019）、杜彤伟等（2019）、储德银和迟淑娴（2020）的研究，采用VFI=1-（财政收入分权/财政支出分权）×（1-财政收支缺口率）这一指标测度财政纵向失衡程度。VFI越接近于1，表示财政纵向失衡程度越严重；反之，越接近于0，表示财政纵向失衡程度越轻微。同时参考林春和孙英杰（2019）的研究，用人均地方本级财政收入与人均地方一般公共预算支出、人均中央公共预算收入和人均中央公共预算支出来测算财政收入分权度和财政支出分权度，其中人均地方本级财政收入=地方本级财政收入/地区总人口，人均地方一般公共预算支出=地方一般公共预算支出/地区总人口，人均中央公共预算收入（支出）=中央公共预算收入（支出）/全国总人口。并参考胡玉杰等（2023）的研究，在计算财政分权时剔除了地区人口规模和地区经济体量的影响，从而可以更精确地反映财政纵向失衡的真实程度。此外，本书用地方本级财政收入和地方一般公共预算支出作为衡量地方财政收支缺口率的指标，各项指标的具体计算公式如下：

$$\underset{(\text{VFI})}{\text{财政纵向失衡}} = 1 - \frac{\text{财政收入分权度}}{\text{财政支出分权度}} \times (1 - \text{地方财政收支缺口率}) \tag{3-1}$$

$$\text{财政收入分权度} = \frac{\text{人均地方本级财政收入}}{\text{人均地方本级财政收入} + \text{人均中央公共预算收入}}\left(1 - \frac{\text{地方生产总值}}{\text{全国生产总值}}\right) \tag{3-2}$$

$$\text{财政支出分权度} = \frac{\text{人均地方一般公共预算支出}}{\text{人均地方一般公共预算支出} + \text{人均中央公共预算支出}}\left(1 - \frac{\text{地方生产总值}}{\text{全国生产总值}}\right) \tag{3-3}$$

$$\text{地方财政收支缺口率} = \frac{\text{地方一般公共预算支出} - \text{地方本级财政收入}}{\text{地方一般公共预算支出}} \tag{3-4}$$

3.1.2 财政纵向失衡的时序演变

1）全国层面的财政纵向失衡时序演变

本章对财政失衡程度以及市场分割程度的测度时期为1994—2019年。原因在于：我国于1994年实施了税制改革，采取了分税制财政体制，将中央与地方的财政收入分配方式进行了重大调整，导致中央与地方的收支关系和财政分配关系发生了根本变化。同时，市场分割数据的可及性截止到2019年。

图3-1展示了全国层面财政纵向失衡平均值的时序演变情况，揭示了全国层面财政纵向失衡的分布特征。整体而言，图3-1趋势线是正斜率，表明1994—2019年财政纵向失衡整体呈现出上升趋势，趋势线斜率较小表明财政纵向失衡呈稳步上升的态势。具体来看，全国层面财政纵向失衡的时序演变可以分为五个阶段：

第一阶段：初期稳定和逐渐下降期（1994—1997年）。1994年财政纵向失衡度为0.5903，随后呈现逐步下降的态势，至1997年降至0.5517。在这一阶段，分税制改革显著提高了中央财政的收入能力，通过调整中央与地方的收入划分比例，强化了中央财政的调控力度。同时，税制改革尤其是增值税的实施，有效地扩大了中央税收基础，减少了地方政府本级财政收入与支出责任之间的非对称性缺口。这些

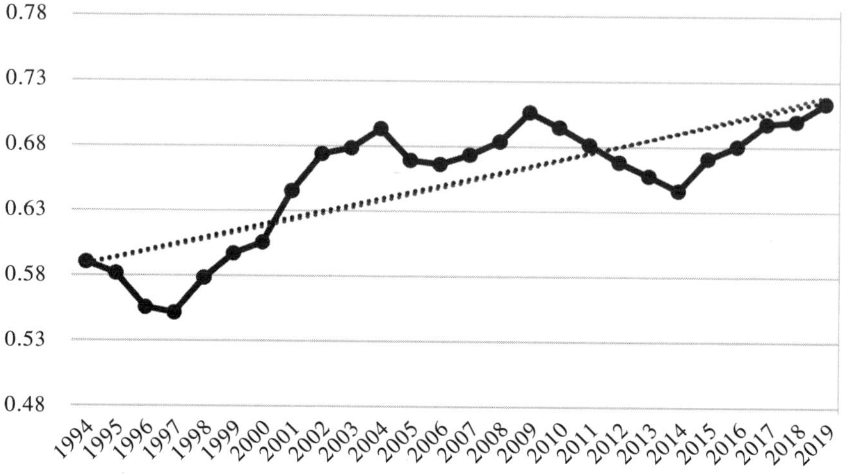

图3-1　1994—2019年全国层面的财政纵向失衡变化趋势

数据来源：根据国家统计局网站（https：//data.stats.gov.cn）数据计算得到。

注：全国层面的财政纵向失衡用省域层面财政纵向失衡的均值来表示。横轴表示年份，纵轴表示全国层面的财政纵向失衡水平。

措施不仅增加了中央财政的财政收入，也改善了地方政府的财政自给能力，降低了地方政府在履行财政事权时的财政压力，从而使得财政纵向失衡程度得以减轻。此外，这一时期政府对经济结构的调整，如促进二、三产业发展，亦有助于扩大地方收入来源，进一步缩小了财政失衡的程度。

第二阶段：短暂上升后趋于平稳期（1998—2001年）。1998年财政纵向失衡度升高至0.5783，2001年稳定在0.6454。这一时期财政纵向失衡度的变化主要受亚洲金融危机影响，也是宏观调控措施实施的结果。1997年亚洲金融危机后，中央政府通过财政刺激措施，如增加公共支出，以缓冲危机对经济的冲击。这导致1998年地方政府本级财政收入与支出需要之间的非对称性缺口短暂性扩大，财政纵向失衡度上升。1999年之后，中央政府的宏观调控逐步发挥作用效果，如加强税收征管强度、优化财政支出结构等，有效减轻了地方财政压力，加之经济逐步恢复，提升了地方税收收入，减少了地方政府的财政缺口，使得财政纵向失衡度回归到一个较为稳定的水平。这一时期的政策调整体现了中央对地方财政状况及时干预和有效的管理能力。

第三阶段：显著上升期（2002—2007年）。2002年财政纵向失衡度上升至0.6739，并在2007年进一步攀升至0.6735。这一时期财政纵向失衡度的变化主要受我国加入世界贸易组织（WTO）及随之而来的政策调整影响。加入WTO后，为适应国际贸易规则并促进经济增长，我国实施了一系列扩大内需的政策，如增加基础设施投资，提高公共服务支出等，这些政策增加了地方政府的财政支出责任。同时，税收收入增长并未与支出增长同步，地方政府本级财政收入的增长速度相对滞后，导致地方政府本级财政收入与支出需要之间的非对称性缺口扩大，财政纵向失衡程度加剧。这一阶段的财政政策反映了我国在加入WTO后为充分融入全球经济体系，采取了积极财政扩张策略，以及在此过程中地方政府面临的财政压力增加。

第四阶段：波动上升期（2008—2013年）。财政纵向失衡度从2008年的0.6838急剧增至2009年的高点0.7061，之后一直下降，2013年下降至0.6576。这一时期财政纵向失衡度的变化主要受全球金融危机影响，我国政府实施了积极的财政刺激政策以稳定经济增长，这导致地方政府支出责任的显著增加，特别是四万亿投资计划的推出，增强了公共基础设施建设和社会福利支出，进而扩大了地方政府的财政支出压力。虽然中央政府提供了一定的转移支付支持，但地方政府为了实现财政事权的履行和公共服务的提供，加大了地方本级财政收入与支出之间的非对称性缺口。

第五阶段：趋势减缓期（2014—2019年）。财政纵向失衡度从2014年的0.6464逐步增加至2019年的0.7134。这一时期财政纵向失衡度的变化趋势仍然是上升的，但财政纵向失衡度的增长速度有所减缓，主要是由于中央政府与地方政府实施了一系列财政制度改革与宏观经济调控措施。在这一时期，中央政府通过优化财政支出结构、加强地方税收系统建设等，使得地方财政收入能力得以提升，缩小了地方政府本级财政收入与支出责任之间的非对称性缺口。同时，随着经济结构调整的深化和新型城镇化建设的推进，地方经济增长点的多样化也在一定程度上缓解了地方政府的财政压力。此外，中央对地方债务风险的控制和预算管理制度的改革，也有助于地方政府更加合理地安排财政支出，进一步稳定了财政纵向失衡度的增长趋势。

2）省域层面与区域层面的财政纵向失衡时序演变

在全国层面财政纵向失衡时序演变分析的基础上，为了细化各地区财政纵向失衡的变化情况，本研究对省域层面与区域层面①财政纵向失衡的时序演变进行进一步分析。图3-2给出了1994—2019年省域层面与区域层面财政纵向失衡的变化趋势。为更清晰地分析指标的变动情况，本书将与1994年相比，2019年财政纵向失衡的变化率小于0.2定义为微变动，变化率大于等于0.2且小于等于1定义为一般性变动，变化率超过1定义为大幅变动。图3-2显示，财政纵向失衡程度大幅上升的是江西、北京和福建，一般性上升的是重庆、吉林、黑龙江、湖南、辽宁、上海和海南，微上升的是广西、四川、贵州、云南、陕西、甘肃、青海、宁夏、新疆、山西、安徽、河南、湖北、天

① 本书的地区划分遵循第四次全国经济普查公报（第七号）中的划分方法，东部地区包括北京、福建、广东、江苏、河北、辽宁、山东、上海、浙江、海南和天津11个省份；中部地区包括山西、黑龙江、吉林、安徽、河南、江西、湖北和湖南8个省份；西部地区包括陕西、甘肃、宁夏、青海、四川、内蒙古、新疆、广西、重庆、贵州和云南11个省份（本研究不包括西藏）。详见第四次全国经济普查公报（第七号）- 国家统计局(stats.gov.cn)（下文地区划分方法相同）。

津、河北、山东和广东，微下降的是内蒙古、江苏和浙江。按照东、中、西的地区划分，西部地区大多数省份如广西、甘肃、青海和新疆的财政纵向失衡都有所上升，中部地区大多数省份的财政纵向失衡显示出微变动，东部地区的变化较为均衡，部分省份如浙江和江苏显示出财政纵向失衡的降低，而其他省份，如天津和广东则显示出轻微上升。分地区均值显示，西部地区财政纵向失衡在整体上呈现微上升的趋势，中部和东部地区财政纵向失衡在整体上呈现上升的趋势。可见，中部地区和东部地区在财政纵向失衡的时序演变方面存在一定的相似性，与西部地区存在显著差异性。

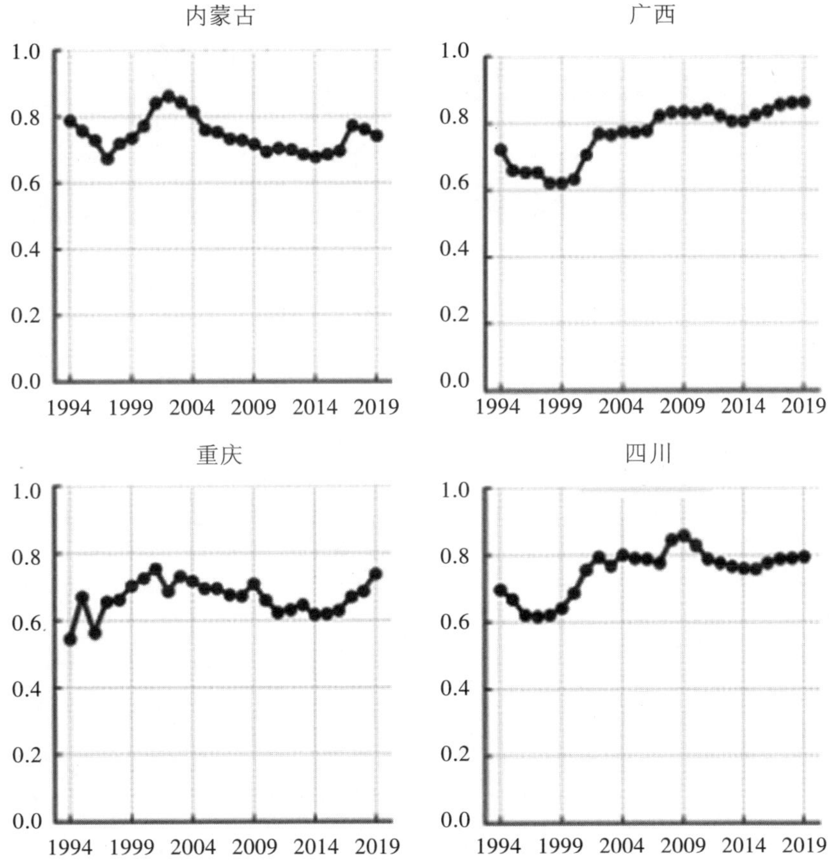

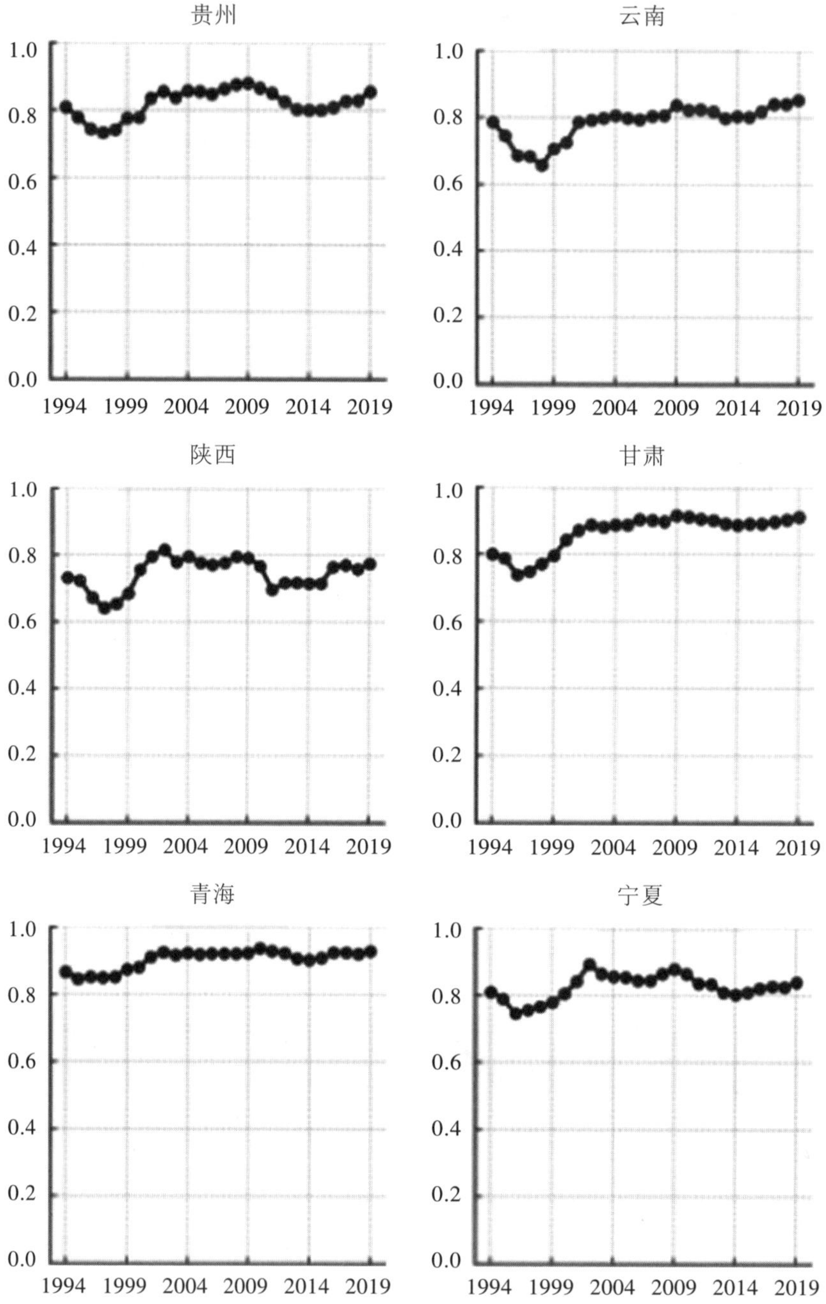
贵州
云南
陕西
甘肃
青海
宁夏
1.0
0.8
0.6
0.4
0.2
0.0
1994
1999
2004
2009
2014
2019

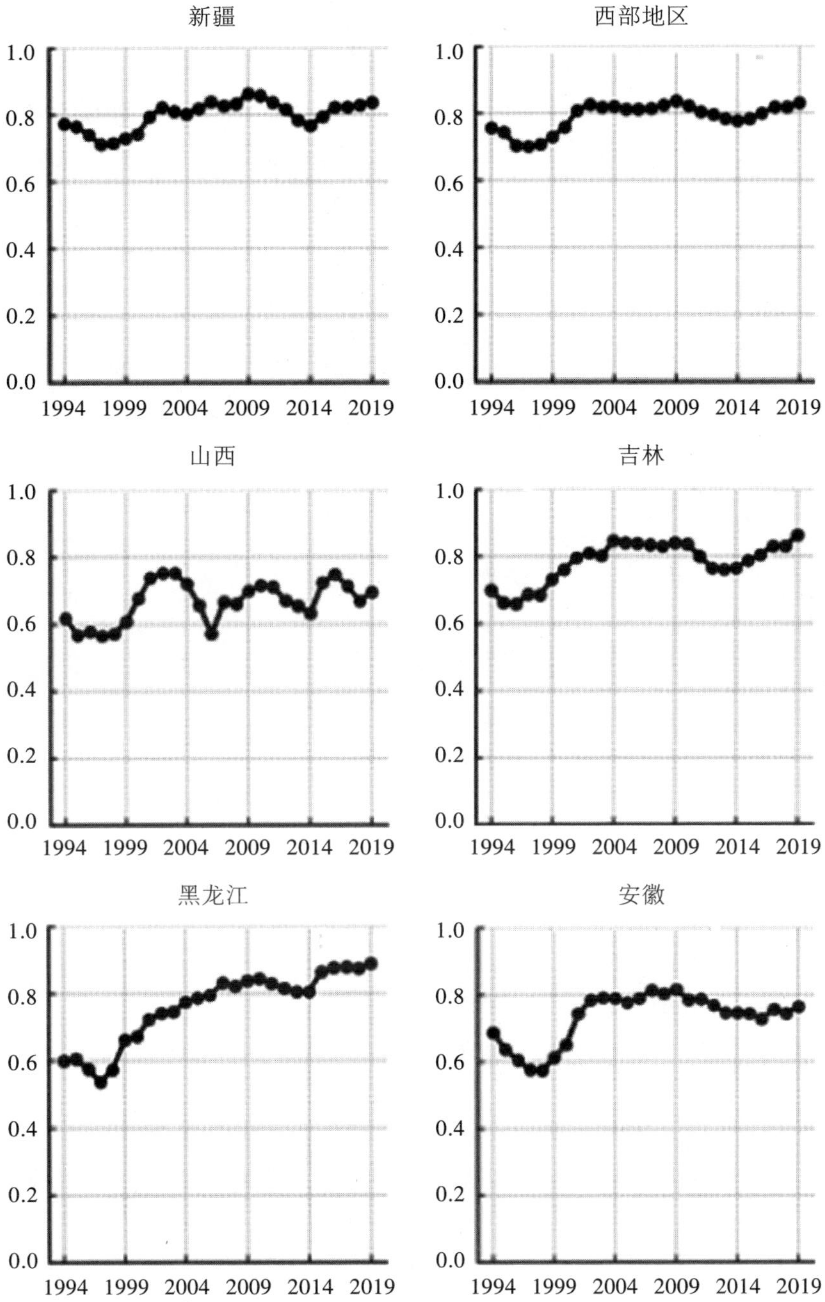
新疆
西部地区
山西
吉林
黑龙江
安徽
1.0
0.8
0.6
0.4
0.2
0.0
1994
1999
2004
2009
2014
2019

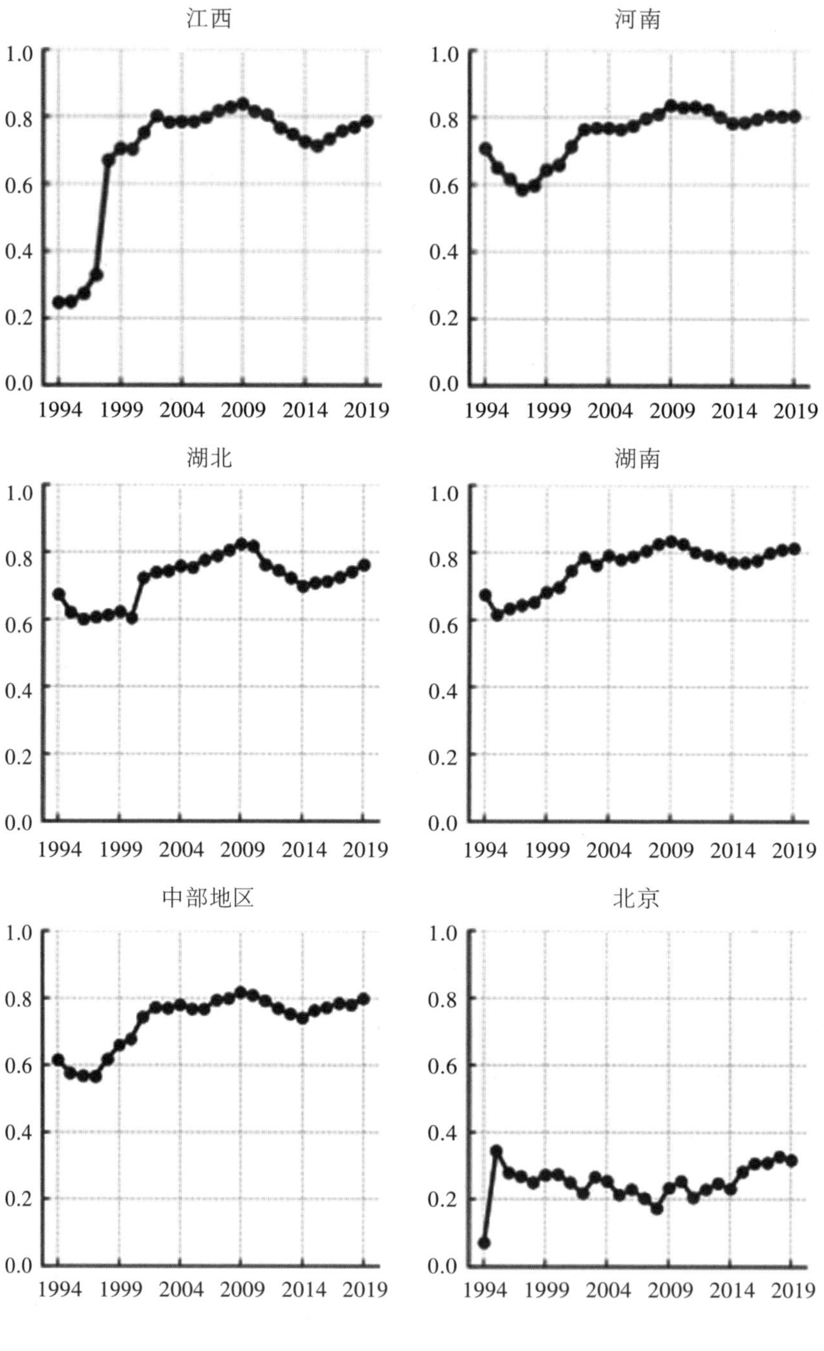
江西
河南
湖北
湖南
中部地区
北京
1.0
0.8
0.6
0.4
0.2
0.0
1994
1999
2004
2009
2014
2019

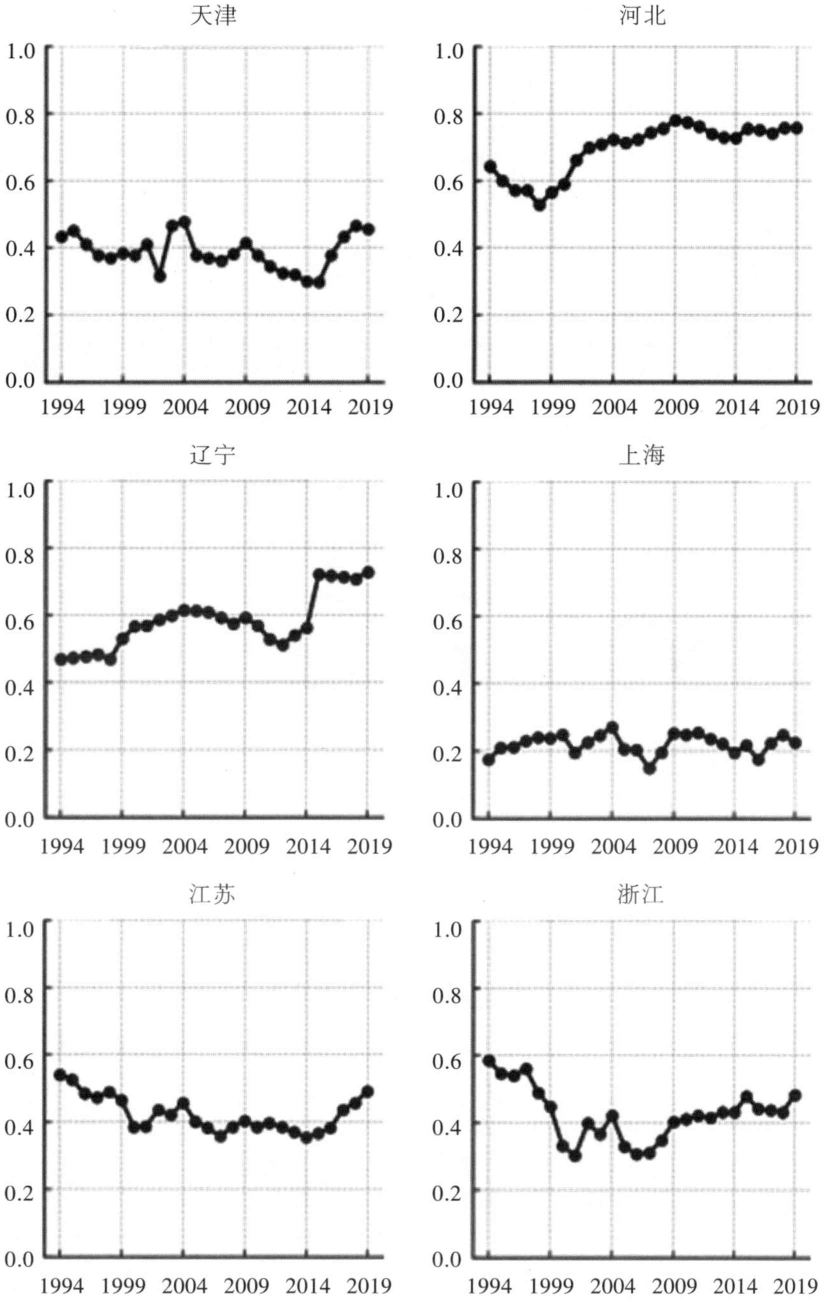
天津
河北
辽宁
上海
江苏
浙江
1.0
0.8
0.6
0.4
0.2
0.0
1994
1999
2004
2009
2014
2019

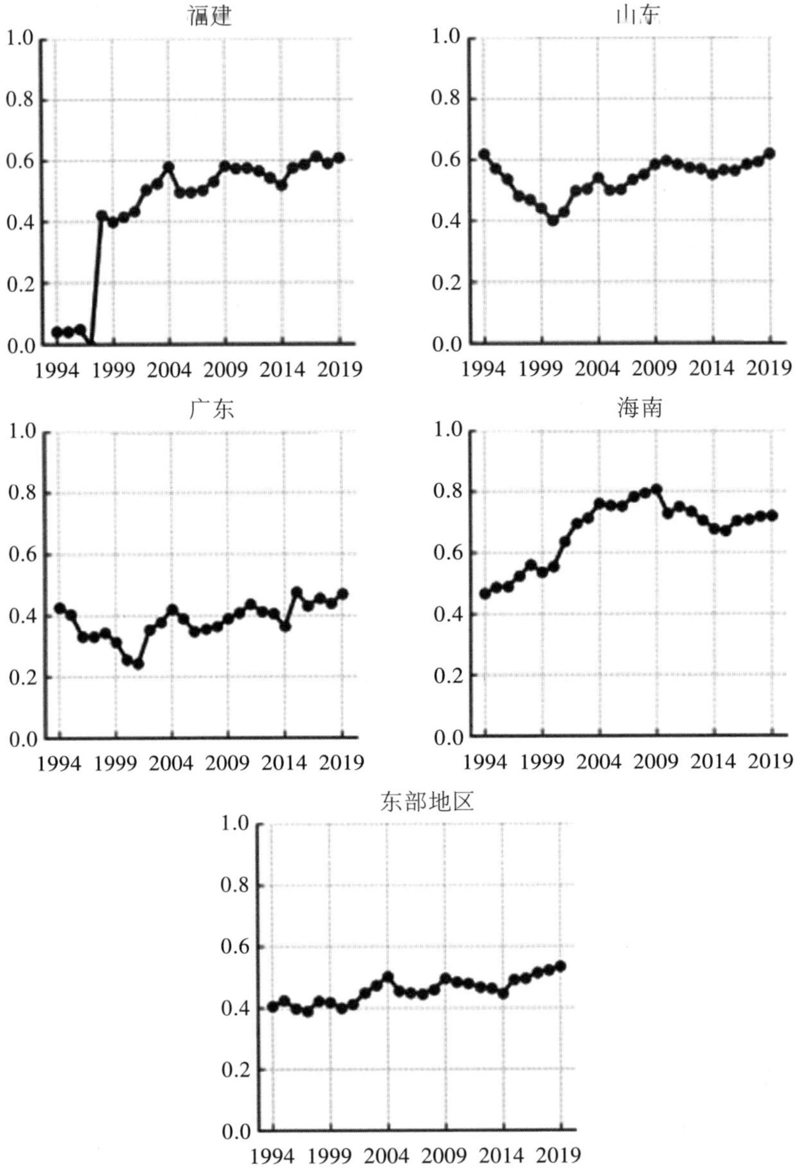

图 3-2　1994—2019 年省域层面和区域层面财政纵向失衡的变化趋势

数据来源：根据国家统计局网站（https：//data.stats.gov.cn）数据计算得到。

注：全国层面和地区层面的财政纵向失衡用省域层面财政纵向失衡的均值来表示。横轴表示年份，纵轴表示全国层面的财政纵向失衡水平。

3.2 财政横向失衡的测度指标与时序特征

3.2.1 财政横向失衡的测度指标

本书参考任斌等（2023）的研究，使用人均地方本级财政收入的修正加权变异指数来测度财政横向失衡度。如果某省份的人均地方本级财政收入的修正加权变异指数为零，则说明该省份与其他省份间的人均地方本级财政收入不存在显著差异，该省份不存在财政横向失衡情况；如果某省份的人均地方本级财政收入的修正加权变异指数越大，则意味着与其他省份在人均地方本级财政收入方面的偏离程度也越大，这表明该省份的财政横向失衡程度较大。财政横向失衡度的具体测度公式由表3-1给出。

表3-1　　　　财政横向失衡的测度公式

变量名称	测度公式	变量含义
财政横向失衡（*HFI*）	$CV = \dfrac{\sqrt{\sum_j (y_i - y_j)^2 \dfrac{(p_i + p_j)/2}{P}}}{\overline{y_W}}$ $\overline{y_W} = \sum_{j=1}^{n} y_j \dfrac{p_j}{P}$，$j = 1 \cdots n$，$n = 30$	y_i和y_j：第i和j个省份人均地方本级财政收入 $\overline{y_W}$：全国各省份人均地方本级财政收入的加权平均值 p_i和p_j：第i和j个省份的总人口数 P：全国总人口数

3.2.2 财政横向失衡的时序演变

1）全国层面的财政横向失衡时序演变

图3-3描绘了1994—2019年全国层面财政横向失衡的时序演变

情况。趋势线的斜率为正则表明财政横向失衡呈现上升趋势，从图3-3可以看出，全国层面的财政横向失衡时序演变可以分为以下三个阶段：

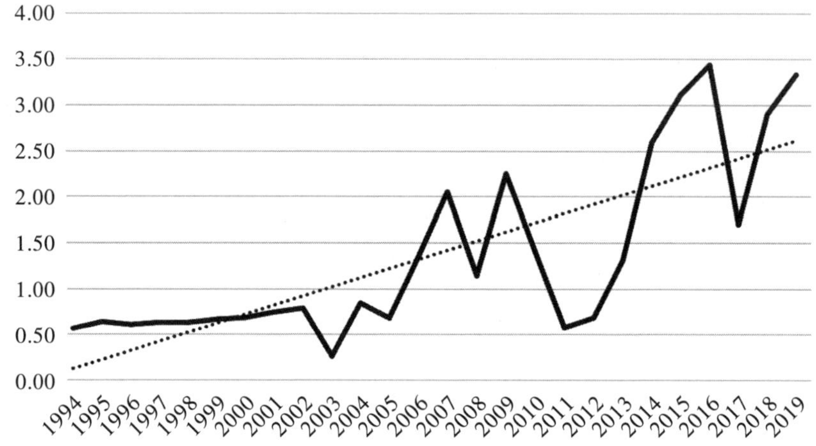

图3-3　1994—2019年全国层面的财政横向失衡变化趋势

数据来源：根据国家统计局网站（https：//data.stats.gov.cn）数据计算得到。

注：全国层面的财政横向失衡用省域层面财政横向失衡的均值来表示。横轴表示年份，纵轴表示全国层面的财政横向失衡水平。

第一阶段：渐进增长期（1994—2001年）。这一时期财政横向失衡度呈现缓慢上升的趋势，从1994年的0.5604增加到2001年的0.7399，反映出地方政府在分税制体制下财政自主性逐步增强。由于各地经济起点不同，且改革红利及市场机制尚未全面发挥作用，地区间的本级财政收入差异开始出现但尚未显著扩大。同时，这一阶段经济总体上持续增长，但东部沿海与中西部地区的差距开始拉大，尽管中央政府通过转移支付对地区间财力进行平衡，但仍然显现出财政横向失衡。

第二阶段：加速波动期（2002—2012年）。这一时期财政横向失衡度呈现较大波动的态势，2009年达到峰值2.2474。主要原因是我国加入世界贸易组织（WTO）后，全球经济一体化带来的红利使得地区间财政收入差距快速扩大。东部沿海地区因更优越的地理位置、更完善的产业基础和更开放的经济政策而迅速崛起，而内陆地区则增长缓慢，地区间经济发展不平衡加剧。

第三阶段：波动显著期（2013—2019年）。这一时期财政横向失衡度再次出现显著波动，2016年达到最高值3.4360。原因在于，我国经济步入新常态，增速放缓，经济结构调整成为主导。虽然中央政府推行了一系列区域发展战略和产业升级政策，如“一带一路”倡议和京津冀协同发展等，但地区间本级财政收入差距仍然较大，财政横向失衡程度较高。

2）省域层面与区域层面的财政横向失衡时序演变

在全国层面的财政横向失衡时序演变分析的基础上，为了细化各地区财政横向失衡的变化情况，对省域层面与区域层面财政横向失衡的时序演变进行进一步分析。图3-4给出了1994—2019年省域层面与区域层面财政横向失衡的变化趋势。与前述省域层面与区域层面的财政纵向失衡时序演变部分类似，为更清晰地分析指标的变动情况，本书将与1994年相比，2019年财政横向失衡的变化率小于0.2定义为微变动，变化率大于等于0.2且小于等于1定义为一般性变动，变化率超过1定义为大幅变动。省域层面显示，与1994年的财政横向失衡程度相比，2019年除青海和宁夏微下降外，其他省份的财政横向失衡程度均呈现大幅上升。按照东、中、西的地区划分，西部地区仅青海和宁夏微下降，其他省份都是大幅上升；中部地区和东部地区的全部省份都是大幅上升。总体而言，在财政横向失衡的时序演变方面，与西部地区相比，中部地区和东部地区出现了更大程度的上升。分地区均值显示，西部地区整体上升的幅度达到1994年的2倍，中部地区整体上升的幅度达到1994年的6倍，东部地区整体上升的幅度达到1994年的10倍。

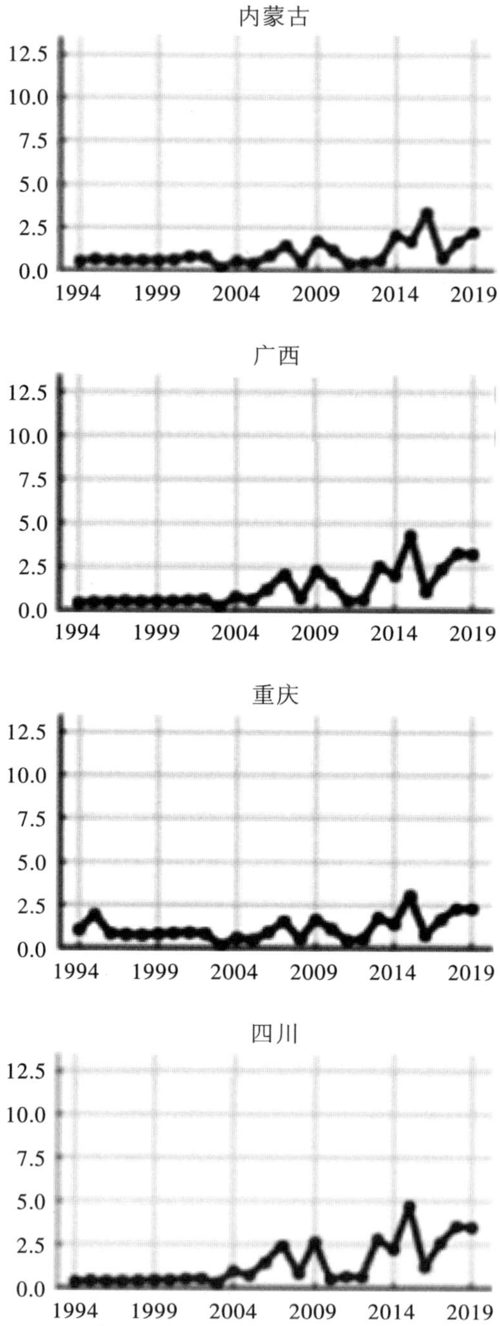
内蒙古
广西
重庆
四川
12.5
10.0
7.5
5.0
2.5
0.0
1994
1999
2004
2009
2014
2019

贵州

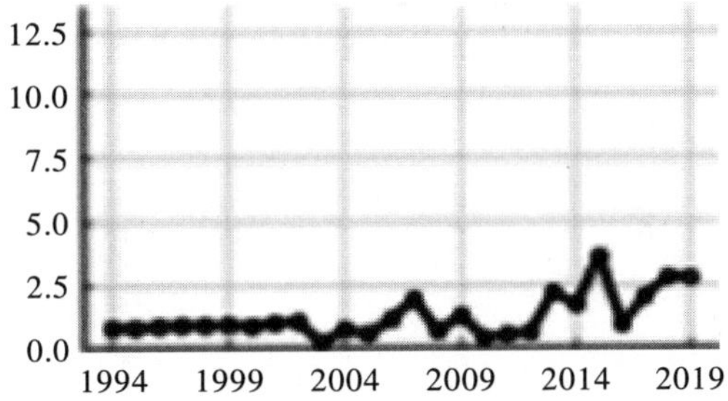
12.5
10.0
7.5
5.0
2.5
0.0
1994
1999
2004
2009
2014
2019

云南

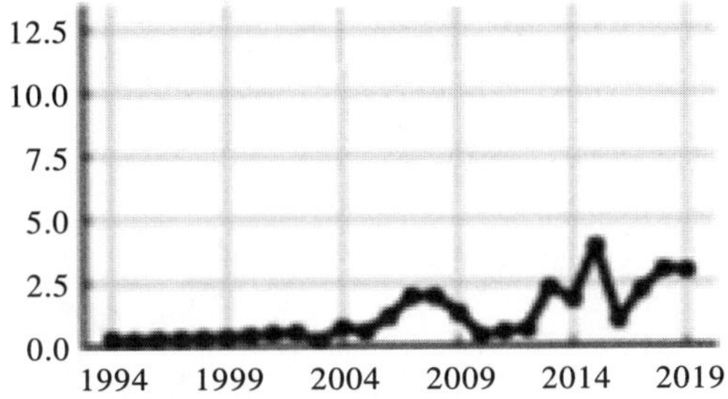
12.5
10.0
7.5
5.0
2.5
0.0
1994
1999
2004
2009
2014
2019

陕西

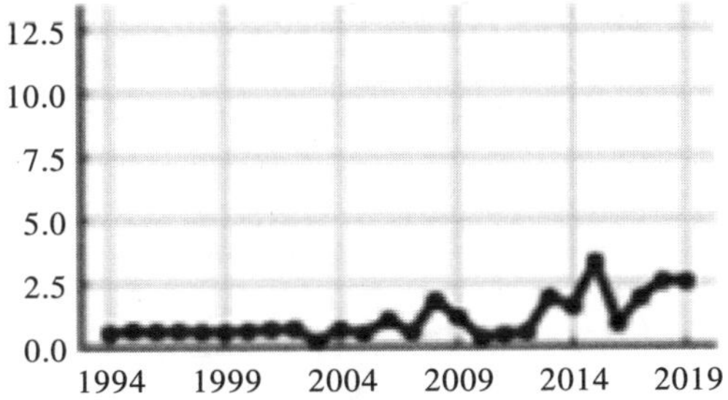
12.5
10.0
7.5
5.0
2.5
0.0
1994
1999
2004
2009
2014
2019

甘肃

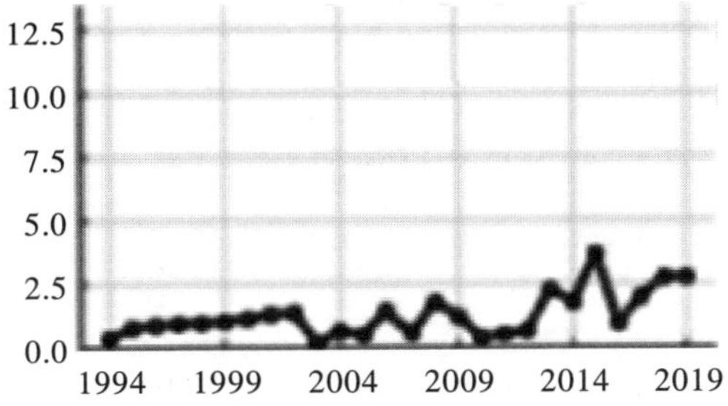
12.5
10.0
7.5
5.0
2.5
0.0
1994
1999
2004
2009
2014
2019

青海

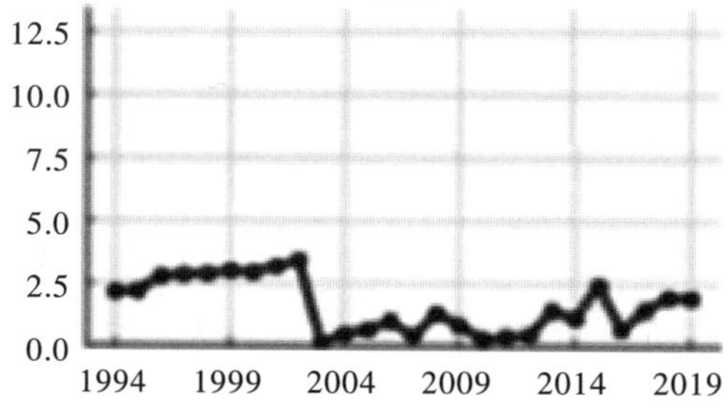
12.5
10.0
7.5
5.0
2.5
0.0
1994
1999
2004
2009
2014
2019

宁夏

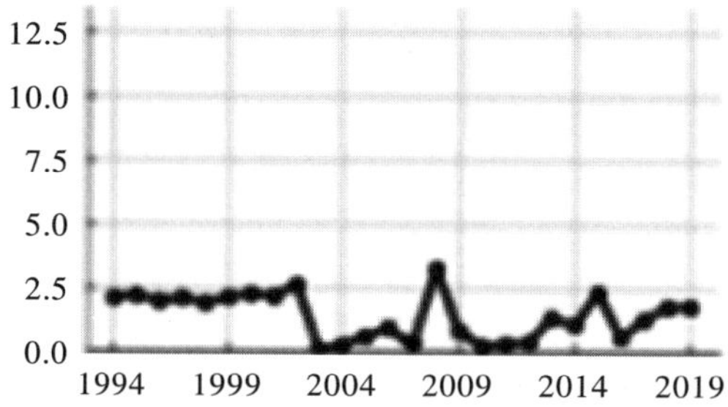
12.5
10.0
7.5
5.0
2.5
0.0
1994
1999
2004
2009
2014
2019

新疆

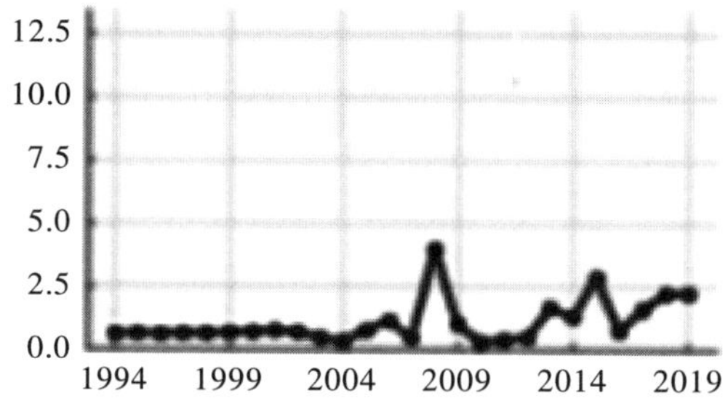
12.5
10.0
7.5
5.0
2.5
0.0
1994
1999
2004
2009
2014
2019

西部地区

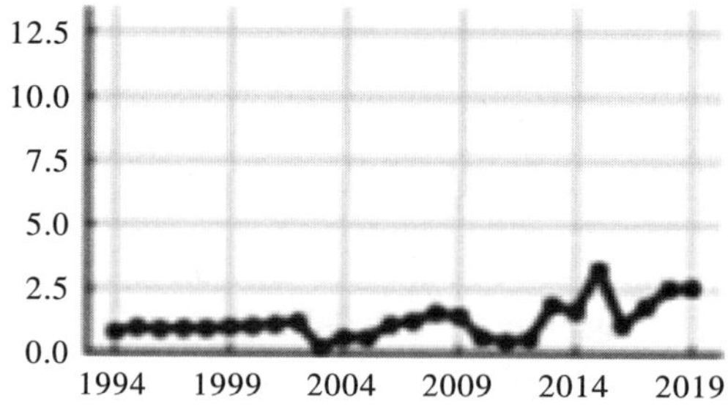
12.5
10.0
7.5
5.0
2.5
0.0
1994
1999
2004
2009
2014
2019

山西

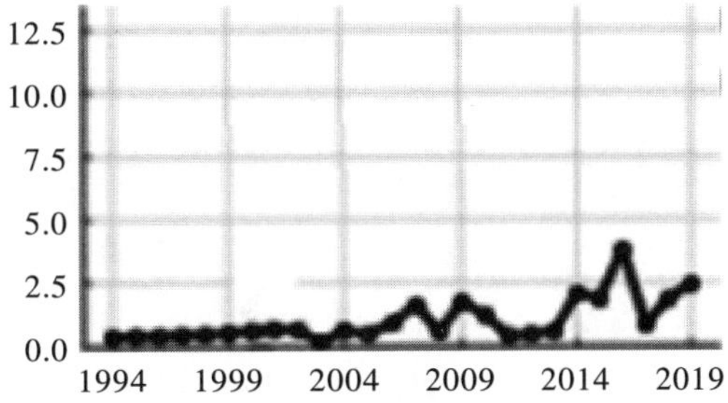
12.5
10.0
7.5
5.0
2.5
0.0
1994
1999
2004
2009
2014
2019

吉林

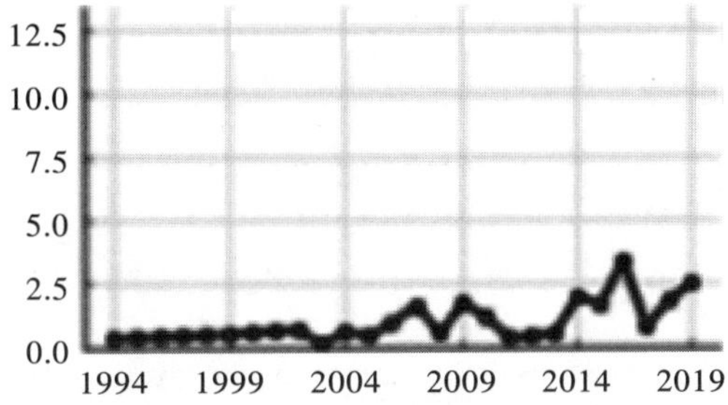
12.5
10.0
7.5
5.0
2.5
0.0
1994
1999
2004
2009
2014
2019

黑龙江

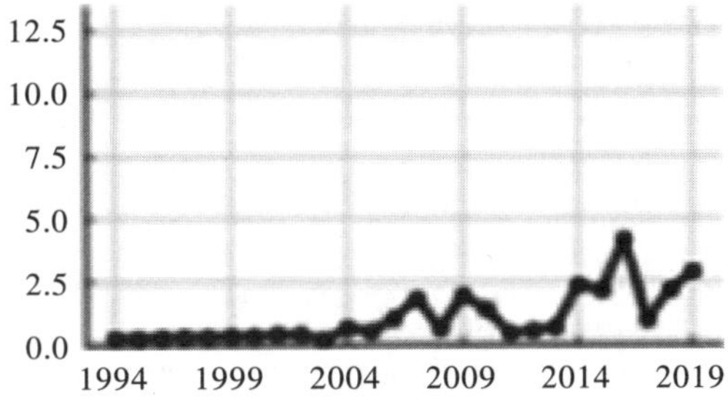
12.5
10.0
7.5
5.0
2.5
0.0
1994
1999
2004
2009
2014
2019

安徽

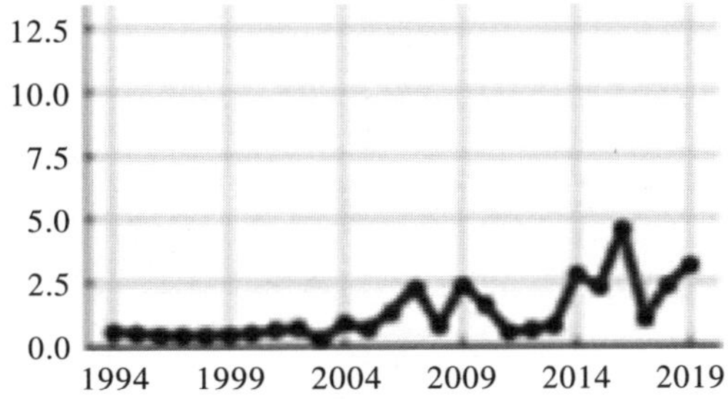
12.5
10.0
7.5
5.0
2.5
0.0
1994
1999
2004
2009
2014
2019

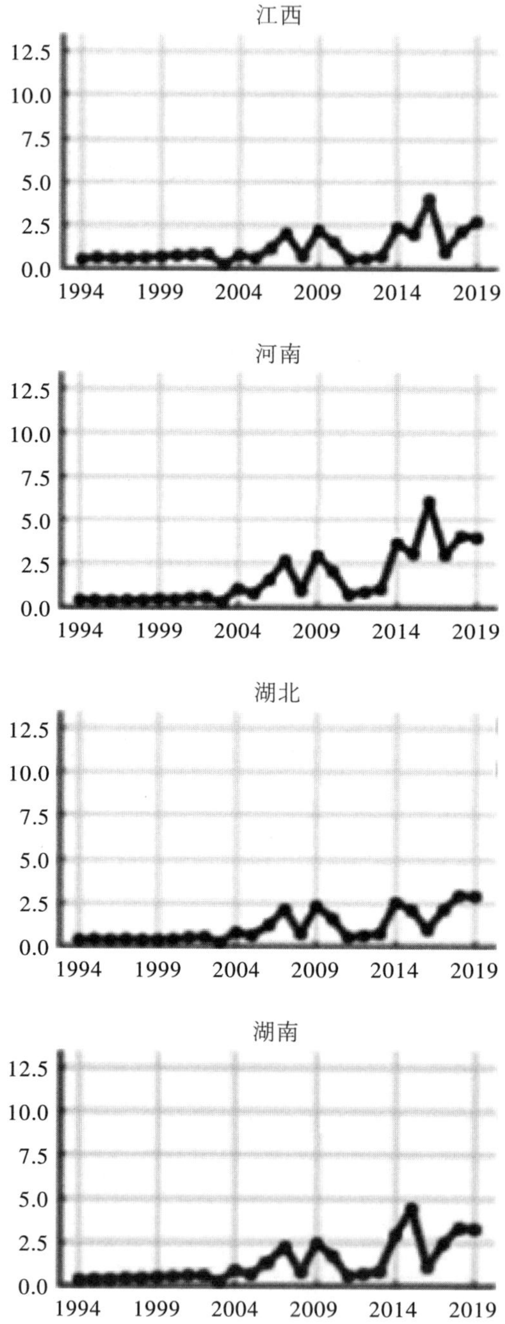
江西
河南
湖北
湖南
12.5
10.0
7.5
5.0
2.5
0.0
1994
1999
2004
2009
2014
2019

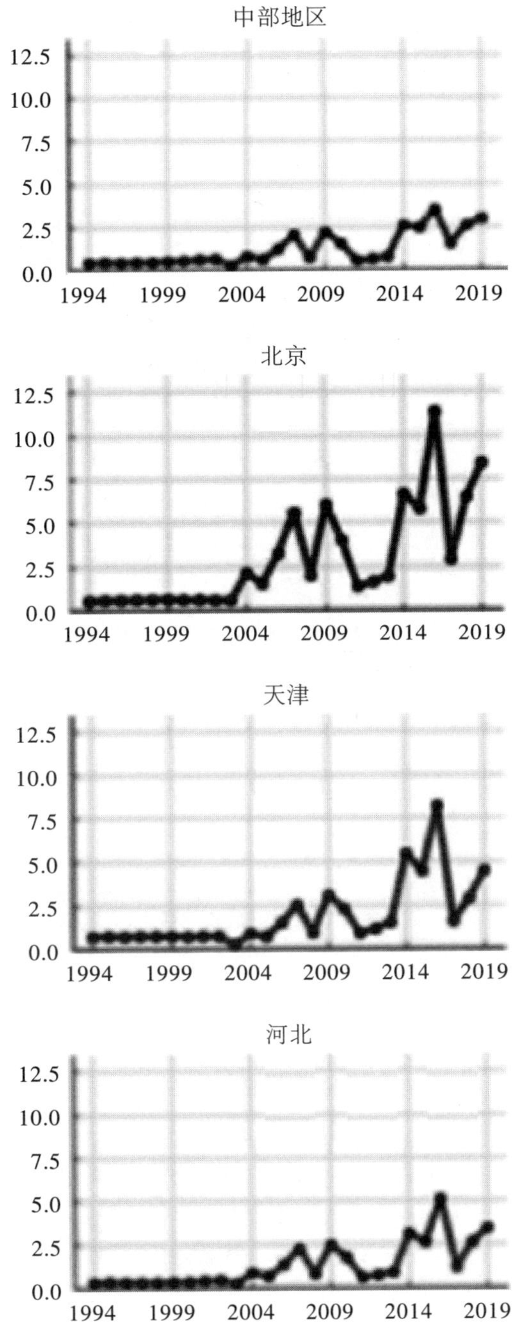
中部地区
北京
天津
河北
12.5
10.0
7.5
5.0
2.5
0.0
1994
1999
2004
2009
2014
2019

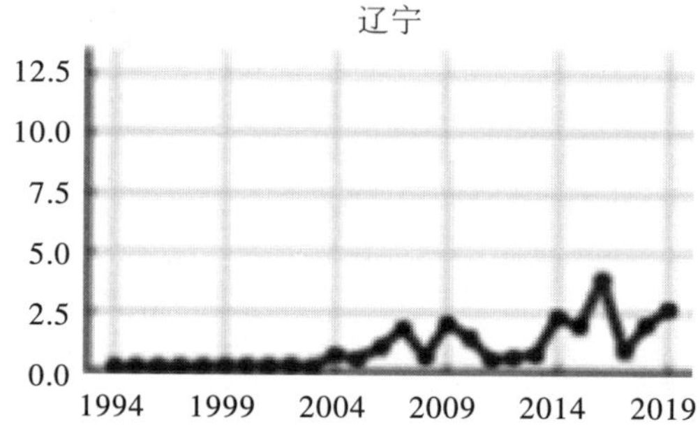
辽宁
12.5
10.0
7.5
5.0
2.5
0.0
1994
1999
2004
2009
2014
2019

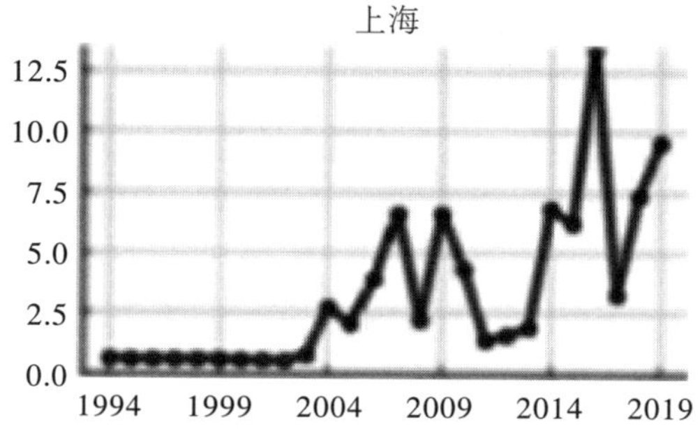
上海
12.5
10.0
7.5
5.0
2.5
0.0
1994
1999
2004
2009
2014
2019

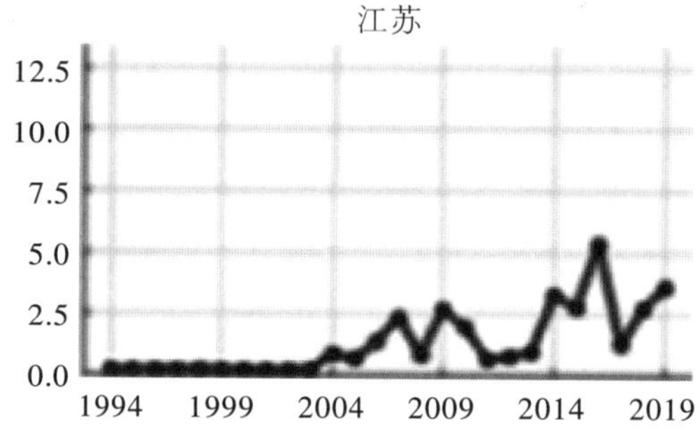
江苏
12.5
10.0
7.5
5.0
2.5
0.0
1994
1999
2004
2009
2014
2019

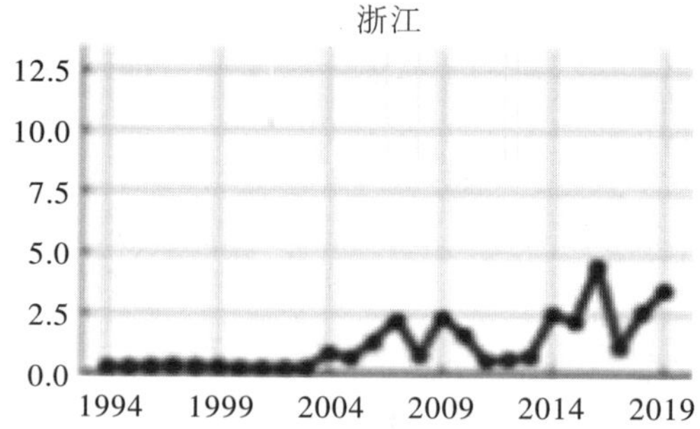
浙江
12.5
10.0
7.5
5.0
2.5
0.0
1994
1999
2004
2009
2014
2019

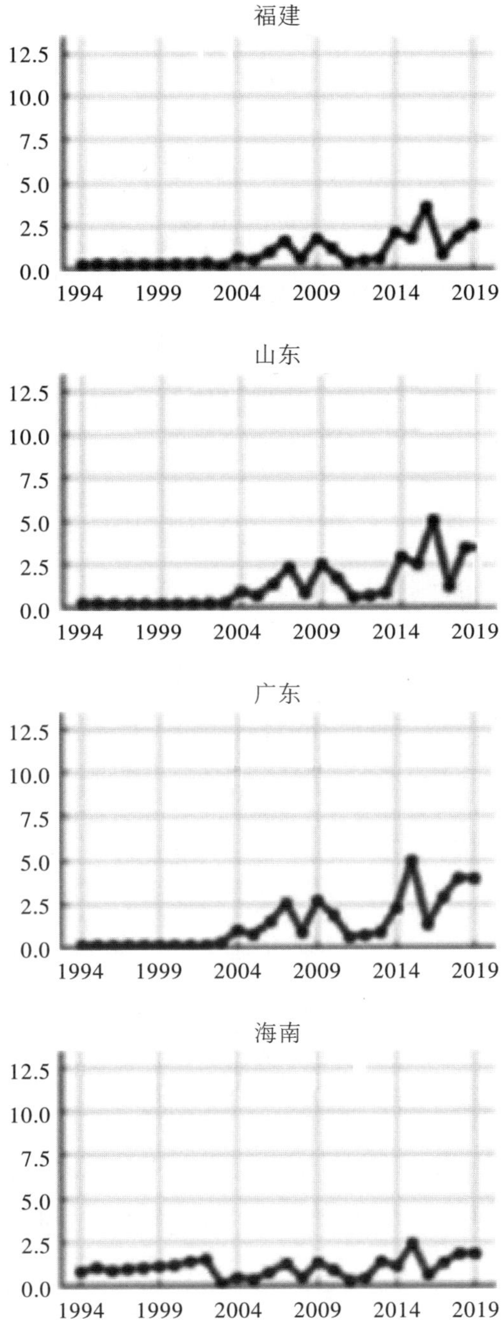
福建
山东
广东
海南
12.5
10.0
7.5
5.0
2.5
0.0
1994
1999
2004
2009
2014
2019

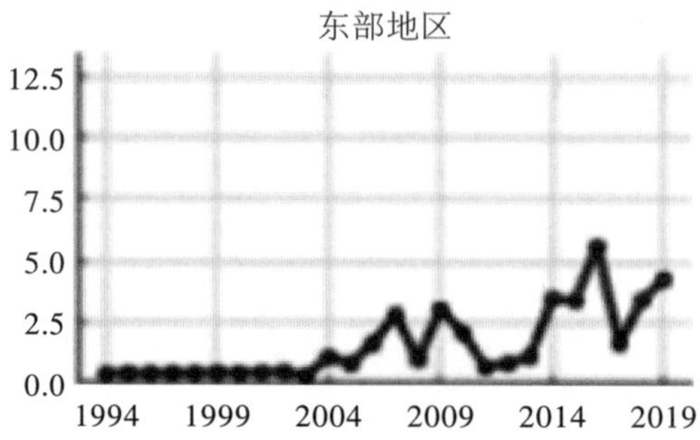

图 3-4　1994—2019 年省域层面和区域层面财政横向失衡的变化趋势

数据来源：根据国家统计局网站（https：//data.stats.gov.cn）数据计算得到。

注：全国层面和地区层面的财政横向失衡用省域层面财政横向失衡的均值来表示。横轴表示年份，纵轴表示全国层面的财政横向失衡水平。

3.3　市场分割的测度指标与时序特征

3.3.1　市场分割的测度指标

已有大量研究通常采用相对价格法来衡量市场分割的程度，这为市场分割趋势的判断提供了初步的统计学基础。然而，在造成商品价格差异的众多因素中，既有地方政府竞争行为引发的制度性分割，也有空间距离、信息交流、基础设施等方面导致的商品流通摩擦的非制度性障碍（蒲龙等，2022）。尽管相对价格法在理论上通过引进“冰川成本”模型对一价定律作出了适当调整，该方法提出只要地区间价格之比的波动范围不超过一定区间且长期收敛到稳定值时，就可以认为市场处于整合状态。但该方法尚未能有效排除诸如“冰川成本”等摩擦性因素的影响，未能精确区分“总分割效应”中的各个成分，导致制度性因素在各种非制度性障碍中难以明确识别。这种方法的局限不仅导致对制度性因素引发的市场分割程度的误判，还可能影响研究结论的准确性。此外，还会将研究推向一种逻辑困境，即研究者在分析过程中必须先假定市场分割的存在，然后基于商品价格差异在时间序列上的变化趋势来推测市场分割的动态。对此，本书参考张宇（2018）的研究，在使用相对价格法测度市场分割水平的基础上，剔除外生的运输技术变化影响，进而测度由制度性因素导致的市场分割程度，具体步骤如下：

1）计算未剔除运输技术变化影响的市场分割指数

与一些研究中强调相邻省市间市场分割程度（马草原等，2023）不同，本书参考张宇（2018）的研究，对整个国内市场进行考量，将样本中30个省份全部进行配对，得到378对省份组合。此部分计算市场分割指数时使用8类商品零售价格指数，以此为基础，首先，定义t时期的商品K在地区i与j之间价格变化的相对幅度$\Delta P_{ijt}^{K}=\ln(P_{it}^{K}/P_{it-1}^{K})-\ln(P_{jt}^{K}/P_{jt-1}^{K})$。其次，参考赵奇伟和熊性美（2009）的思路，为了避免相同两地因置放顺序不同而造成ΔP_{ijt}^{K}不同，进而影响最终方差结果，对ΔP_{ijt}^{K}取绝对值，用$|\Delta P_{ijt}^{K}|$表示商品相对价格的变动情况。再次，鉴于商品本身的某些特性也会影响相对价格的变动，也就是商品的异质性可能会导致市场分割指数的偏误，需要通过去除固定效应以剔除与商品相关联的个体固定效应带来的系统性偏误。消除固定效应常采用的方法是去均值法。对此，将绝对值$|\Delta P_{ijt}^{K}|$减去均值$|\Delta \overline{P}_{ijt}^{K}|$得到相对价格变动$p_{ijt}^{K}$。最后，计算已经去除固定效应的$p_{ijt}^{K}$的方差为var（$p_{ijt}^{K}$），以此度量市场分割程度。

由于任意一个地区i面临众多其他地区j，因而需要解决方差的归并加总问题。鉴于临近地区间更低的地区间运输成本往往导致较低的市场分割程度，因此考虑以地理距离为基础对市场分割进行加权平均。首先，以省份作为地区划分的基础，计算任意省份j的省会城市到省份i的省会城市之间主干高速公路交通里程（D_{ij}）的倒数w_{ij}^{D}，即

$w_{ij}^{D}=1/D_{ij}$；其次，对 w_{ij}^{D} 进行标准化处理，即 $\omega_{ij}^{D}=w_{ij}^{D}/\sum_{j=1}^{n}w_{ij}^{D}$，由此得到地区之间空间距离权重（$\omega_{ij}^{D}$）；最后，利用此权重对 var（$p_{ijt}^{K}$）进行加权平均，得到地区 i 的市场分割指数（MS_{it}）：

$$MS_{it}=\sum_{j=1}^{n}\omega_{ijt}^{D}p_{ijt}^{K} \tag{3-5}$$

2）剔除运输成本变动

剔除省域间运输成本变动的影响是得到本研究中市场分割数据的关键。在财政收入紧张的情况下，地方政府在道路等基础设施建设方面经常采取“贷款修路，收费还贷”的方式。大多数公路在已收回建设成本后均转型为经营性公路，由此带来的道路通行费用是物流成本的重要组成部分。2021年全国公路总收入达到6 630.5亿元[①]，由此引起的物流成本增加也是导致我国市场分割程度居高不下的重要原因。参考张宇（2018）的方法，本书剔除的地区间运输成本主要是广义上的技术进步和基础设施改善引起的运输业效率变化，即以单位货物周转量承载的交通运输及仓储邮政投入作为度量地区间运输成本的标准，测算的难点在于排除政策性税费以及价格因素的影响。单位货物周转负担的省域间运输成本的测算步骤如下：

首先，以投入产出表中行业 m 的交通运输及仓储邮政投入与产出的比例 θ_{mt} 为基础，结合该行业的总产值 Y_{mt}，加总得到第 t 年总体运输投入名义水平 TI_t：

$$TI_t=\sum_{m=1}^{M}\theta_{mt}Y_{mt} \tag{3-6}$$

其次，剔除运输企业在营运过程中负担的与运输技术无关的“过路费”，用《全国收费公路统计公报》中公开的历年公路收费总额衡量过路费（F_t）。

再次，剔除燃油、资产及劳动力价格变化的影响。假设扣除过路

① 数据详见交通运输部发布的《2021年全国收费公路统计公报》。2022年及以后相关数据并未发布。

费的运输投入来自劳动力报酬、燃油费用、固定资产折旧以及运输企业税金与利润之和，设运输企业利润总额及上缴税金占主营业务收入的比重为λ[①]，其中对运输企业利润总额与上缴税金按全社会商品零售价格指数（P_t^S）进行平减，则运输企业的职工工资额、燃油费用及固定资产折旧之和为（$1-\lambda$）（TI_t-F_t）。设交通运输从业人员数量为L_t，平均工资为s_t，固定资产折旧为h_t，则运输投入中劳动力报酬为s_tL_t，燃油投入为$O_t=(1-\lambda)(TI_t-F_t)-s_tL_t-h_t$。以燃料、动力类工业生产者购进价格指数（$P_t^G$）对燃油费用平减，得到实际燃油成本$\overline{O}=O_t/P_t^G$；用固定资产价格指数对投入产出表中交通运输仓储业固定资产折旧平减，得到固定资产实际折旧（$\overline{h_t}$）；由交通运输业基年（即2003年）人均工资（s_0）和历年职工数可得以不变报酬计算的交通运输业工资总额$\overline{S}=s_0L_t$；最终，将数据代入（3-6）式，得到剔除价格变动影响后的省域间运输成本$\overline{TI_t}$：

$$\overline{TI_t}=\overline{O_t}+\overline{S_t}+\overline{h_t}+\lambda(TI_t-F_t)/P_t^S=\frac{O_t}{P_t^G}+s_0L_t+\overline{h_t}+\lambda(TI_t-F_t)/P_t^S \tag{3-7}$$

最后，以历年货物周转量（Z_t）作为货物运输的总发生量，用实际运输投入与货物周转量之比得到单位货物周转负担的省域间运输成本TC_t：

$$TC_t=\overline{TI_t}/Z_t \tag{3-8}$$

3）计算市场分割程度

假设未剔除运输技术变化影响的市场分割指数（MS_{it}）为地区间运输成本（TC_t）和剔除运输技术变化影响后的市场分割（SEG_{it}）的函数，即$MS_{it}=TC_t^{\delta}SEG_{it}$，其中$\delta$为参数，由此市场分割程度为：

$$SEG_{it}=\exp(\ln MS_{it}-\delta\ln TC_t) \tag{3-9}$$

在控制地区固定效应的情况下，利用市场分割指数的对数对地区间运输成本的对数进行普通最小二乘（OLS）回归，可得弹性系数$\delta=0.0234$。最终，根据公式（3-9）计算我国省级层面的市场分割程度。

① 限于数据可得性，只能用财政部发布的交通运输仓储业国有企业相关财务数据计算而得。

3.3.2 市场分割的时序演变

1）全国层面市场分割的时序演变

充分发挥我国超大规模经济体优势，必然要求打破各地囿于本地市场的自我小循环，加快建设全国统一大市场。为此，分析市场分割的时序演变十分重要。图3-5展示了全国层面市场分割平均值的时序演变情况，可以看出，2003—2019年，我国市场分割程度一直处于较大幅度波动的状态，从2015年开始更是持续加大，与2003年相比，2019年依然处于较高水平。市场分割现象的存在与加剧会割裂地区间的经济联系，妨碍商品和生产要素的自由流动，降低全国市场环境的统一性。因此，降低市场分割程度，建立竞争性和一体化的市场体系，成为我国建设统一大市场经济的迫切需求。

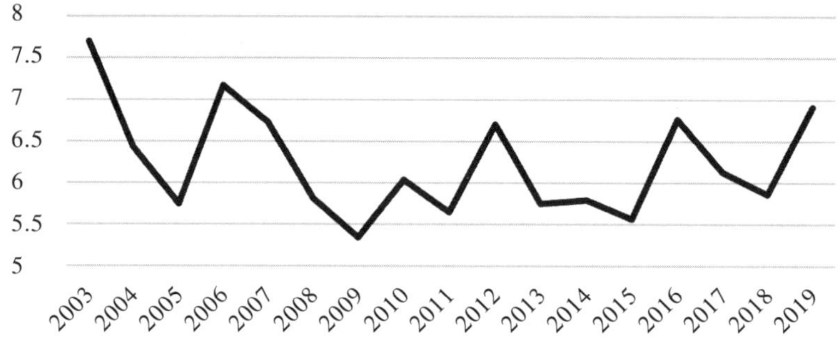

图3-5　2003—2019年全国层面的市场分割变化趋势

数据来源：国家统计局网站、省市交通管理部门网站、交通运输部网站、《全国收费公路统计公报》、《中国能源统计年鉴》、《中国人口和就业统计年鉴》等。

注：全国层面的市场分割用省域层面市场分割的均值来表示。横轴表示年份，纵轴表示全国层面的市场分割水平。

2）省域层面与区域层面的市场分割时序演变

在全国层面的市场分割时序演变分析的基础上，为了细化各地区市场分割的变化情况，对省域层面与区域层面市场分割的时序演变进行进一步分析。图3-6给出了2003—2019年省域层面与区域层面市场分割的变化趋势。与前述省域层面与区域层面的财政纵向失衡时序演变部分类似，为更清晰地分析指标的变动情况，本书将与2023年相比，2019年市场分割的变化率小于0.2定义为微变动，变化率大于等于0.2且小于等于1定义为一般性变动，变化率超过1定义为大幅变动。省域层面显示，与2003年相比，2019年市场分割程度出现大幅上升的是江西、河南、四川、新疆和广东，一般性上升的是内蒙古、天津和上海，微上升的是湖北、云南、陕西、甘肃、辽宁和浙江。大幅下降的是黑龙江，一般性下降的是贵州、宁夏、山西、湖南、北京、河北、福建、山东，微下降的是海南、重庆、广西、青海、吉林、安徽和江苏。西部地区市场分割水平显著上升的省份相对较多，中部地区绝大多数省份市场分割水平显著下降，东部地区省份市场分割水平的变化则较为均衡，既有市场分割显著下降的省份，也有显著上升的省份。分地区均值显示，西部地区市场分割整体上呈现上升的趋势，中部地区市场分割整体上呈现下降的趋势，东部地区市场分割整体上呈现微下降的趋势。总体而言，在市场分割的时序演变方面，中部地区和东部地区存在一定的相似性，与西部地区存在显著差异。

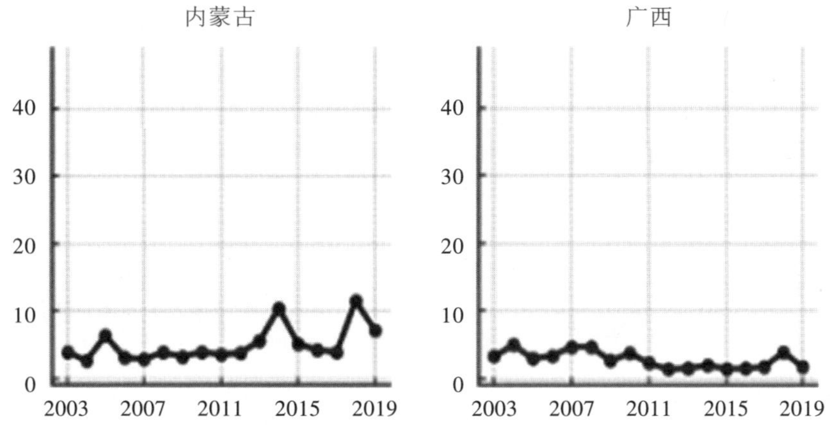

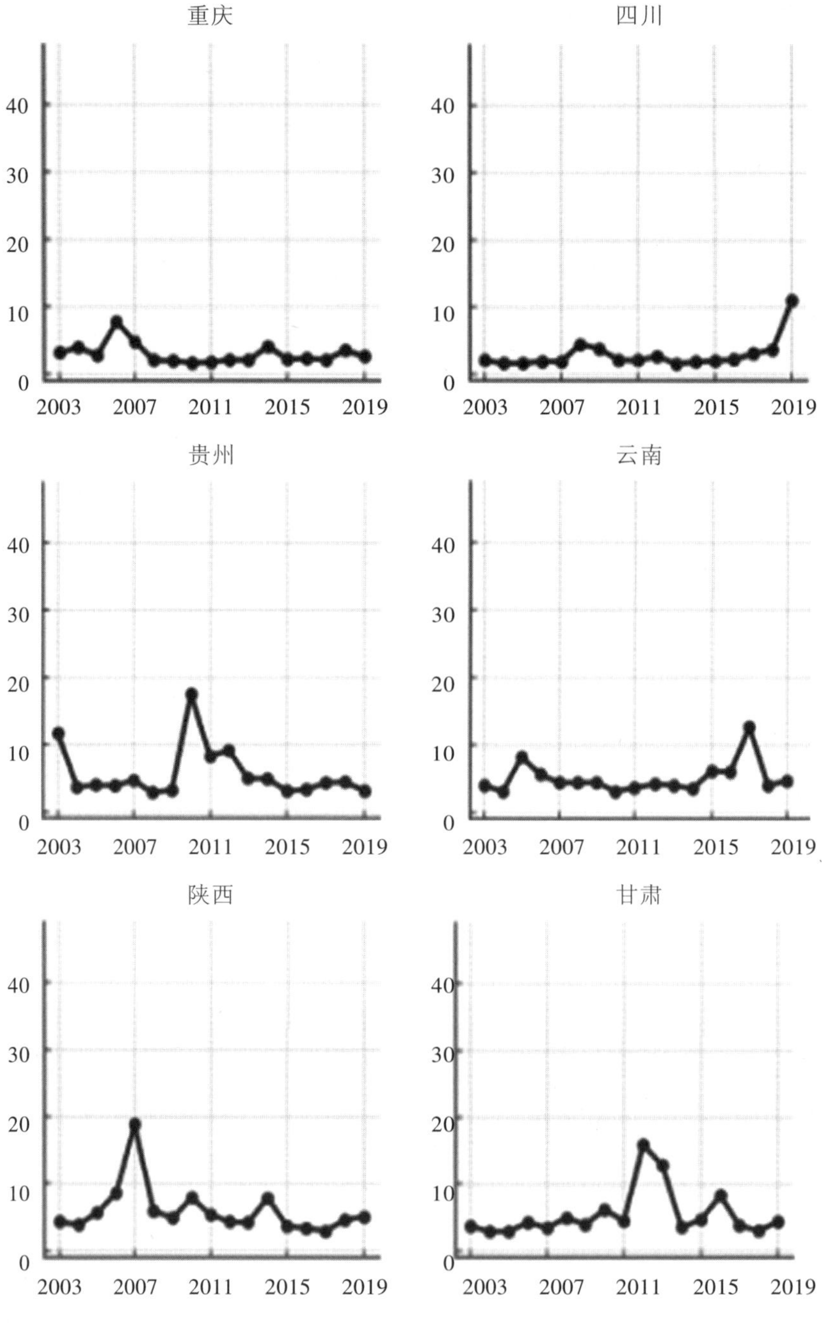
重庆
四川
贵州
云南
陕西
甘肃
0
10
20
30
40
2003
2007
2011
2015
2019

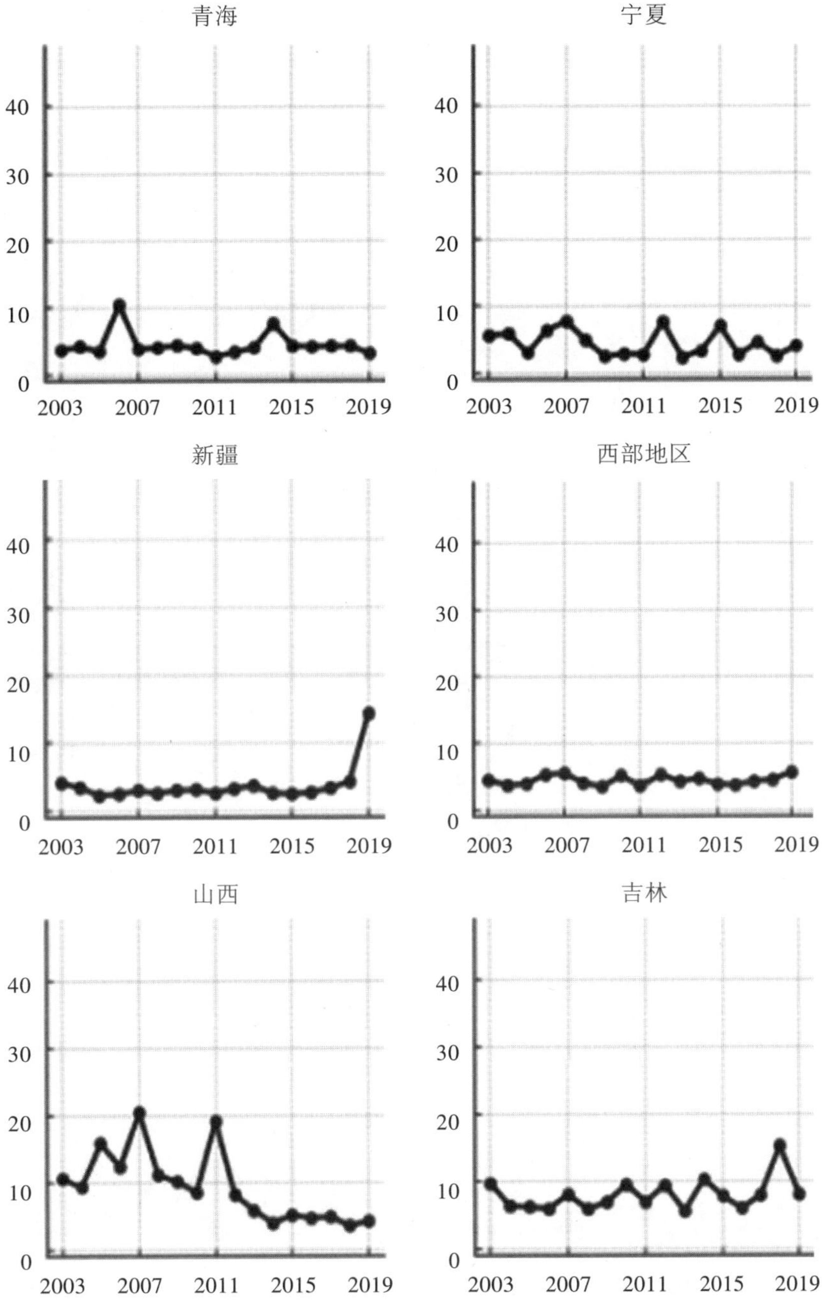
青海
宁夏
新疆
西部地区
山西
吉林
40
30
20
10
0
2003
2007
2011
2015
2019

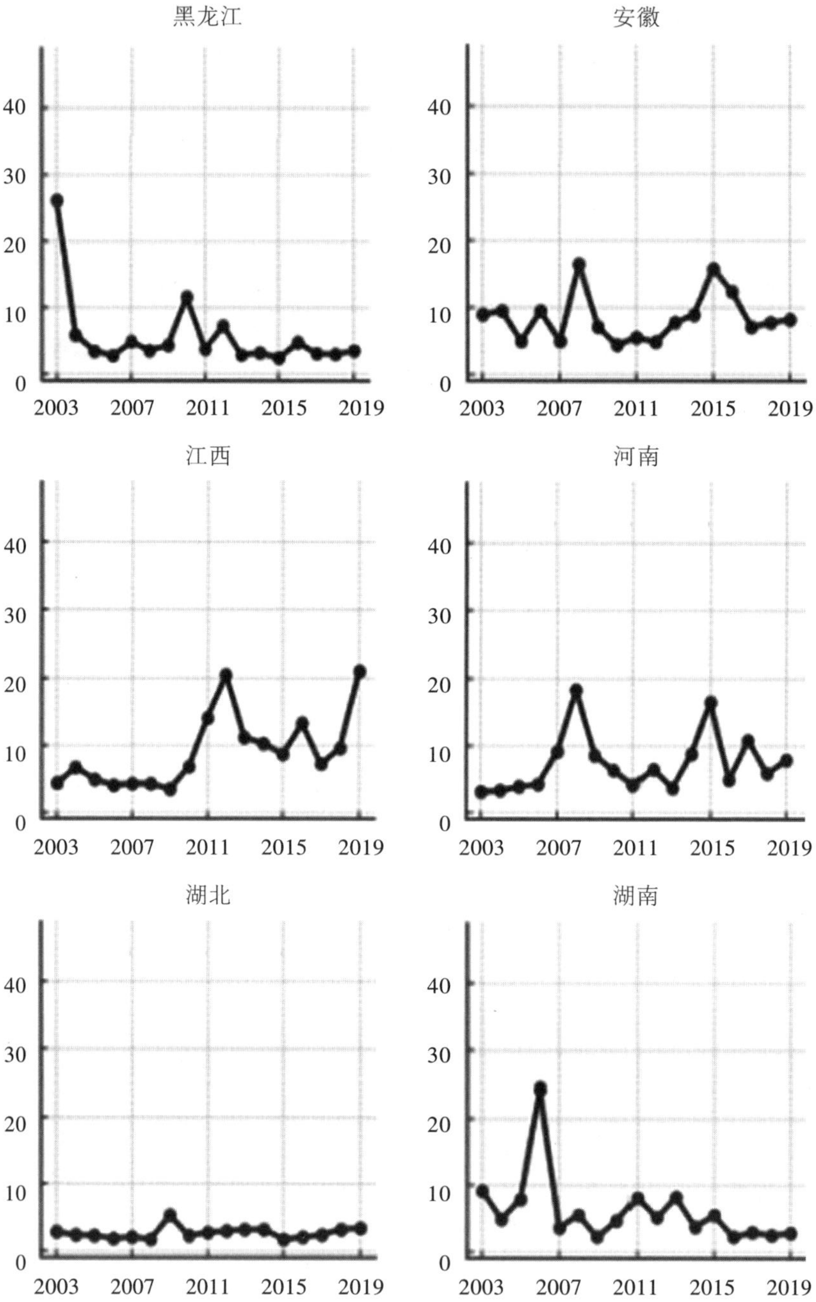
黑龙江
安徽
江西
河南
湖北
湖南
0
10
20
30
40
2003
2007
2011
2015
2019

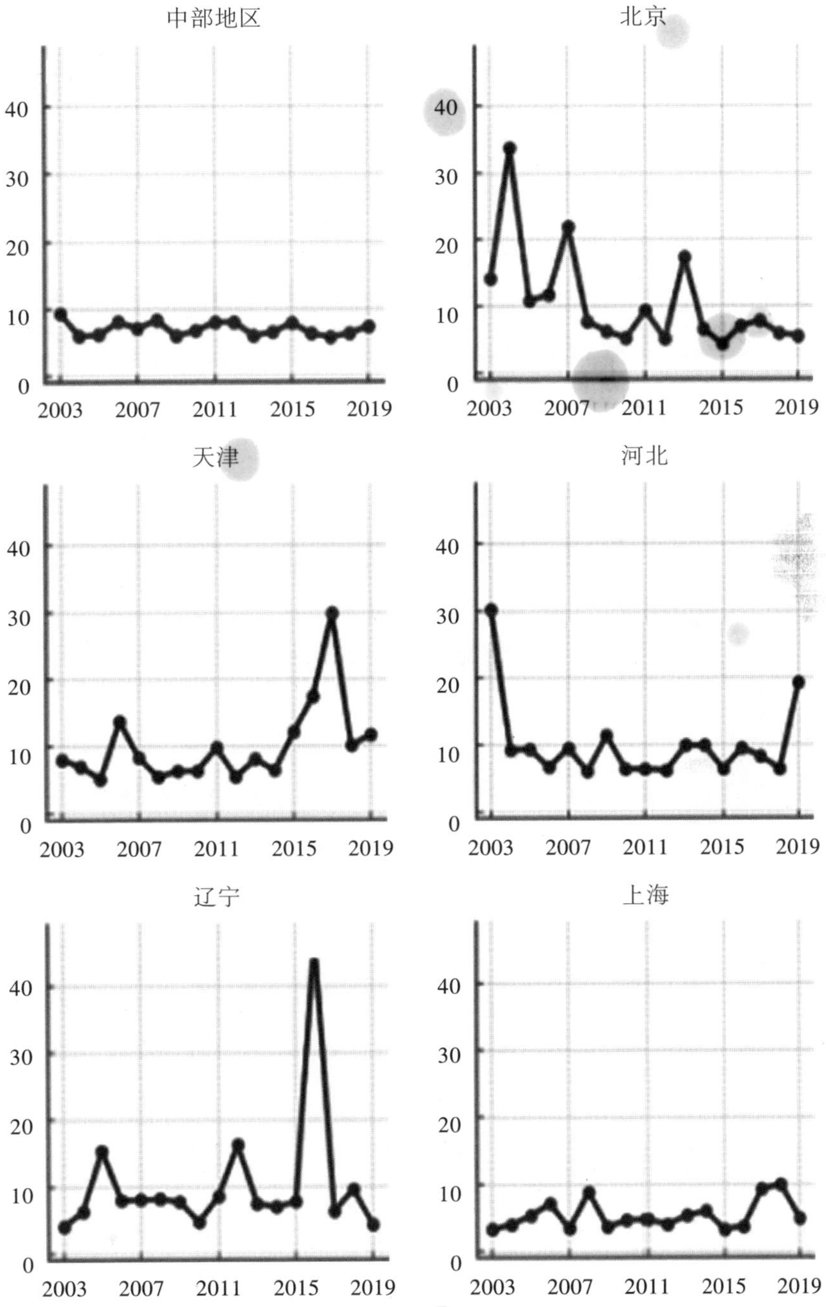
中部地区
北京
天津
河北
辽宁
上海
0
10
20
30
40
2003
2007
2011
2015
2019

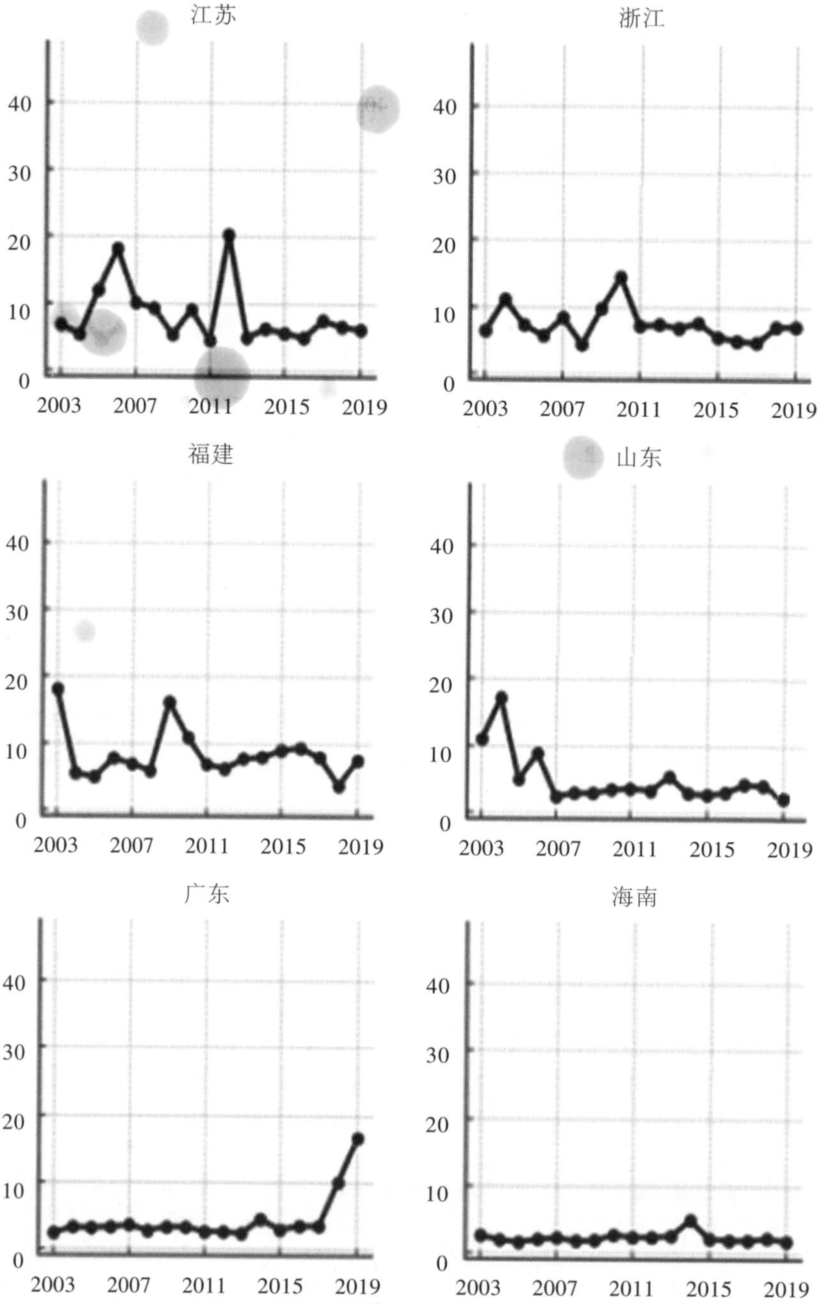
江苏
浙江
福建
山东
广东
海南
0
10
20
30
40
2003
2007
2011
2015
2019

东部地区

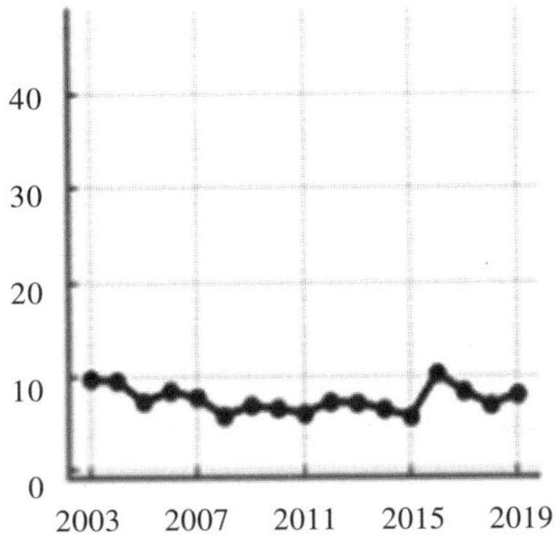

图 3-6　2003—2019 年省域层面和区域层面市场分割的变化趋势

数据来源：国家统计局网站、省市交通管理部门网站、交通运输部网站、《全国收费公路统计公报》、《中国能源统计年鉴》、《中国人口和就业统计年鉴》等。

注：全国层面和地区层面的市场分割用省域层面市场分割的均值来表示。横轴表示年份，纵轴表示全国层面的市场分割水平。

3.4　财政失衡与市场分割的趋势相关性分析

本部分基于全国整体层面对 2003—2019 年财政纵向失衡与市场分割，以及财政横向失衡与市场分割变化趋势的相关性进行分析，以此说明第 4 章和第 5 章进行实证分析的必要性。

3.4.1　财政纵向失衡与市场分割的趋势相关分析

根据图 3-1 全国层面的财政纵向失衡变化趋势和图 3-5 全国层面的市场分割变化趋势，可以对 2003—2019 年的财政纵向失衡与市场分割的变化态势进行相关性分析。从全国层面的财政纵向失衡变化趋势图和全国层面的市场分割变化趋势图对比发现，2003 年、2009 年、

2010年、2015年和2018年财政纵向失衡与市场分割显示出相似的趋势，即在这些年份附近，两个图均出现了趋势的反转或显著的波动。进一步分析后发现，财政纵向失衡与市场分割在上述年份附近的局部极值点出现了显著的同步性。例如，2003年财政纵向失衡的显著下降与该年市场分割程度的减小相吻合，而在2010年，这两个指标均显示上升趋势。这种同步性说明两者之间存在相关性，即市场分割的变化与财政纵向失衡的状态有关，意味着财政纵向失衡与市场分割之间存在潜在的统计相关性，然而，需要注意的是，这种相关性并不直接表明有因果关系，因为可能存在未观察到的共同影响因子或第三变量的干扰。要准确地确定两者之间的关系性，还需要进行更深入的定量分析，通过进行回归分析，以及控制其他可能的干扰变量展开更为系统的实证检验。为此，本书在第4章实证分析财政纵向失衡对市场分割的影响。

3.4.2 财政横向失衡与市场分割的趋势相关分析

根据图3-3全国层面的财政横向失衡变化趋势和图3-5全国层面的市场分割变化趋势，可以对2003—2019年的财政横向失衡与市场分割进行相关性分析。从全国层面的财政横向失衡变化趋势图和全国层面的市场分割变化趋势图对比发现，在2003年、2009年和2015年，财政横向失衡与市场分割都出现了趋势的变化点，表明市场分割与财政横向失衡之间存在一定程度的同步变动。特别是在2009年和2015年，市场分割的低点与财政横向失衡的转折点相对应。然而，需要注意的是，尽管这两个图在特定年份显示出相似的波动模式，但这并不足以确定它们之间存在因果关系。这种关联可能是由于市场分割与财政失衡均反映了宏观经济条件的变化，或者是由于它们各自独立的因素所致。要准确地确定两者之间的关系性，还需要进行更深入的定量分析，通过进行回归分析，以及控制其他可能的干扰变量展开更为系统的实证检验。为此，本书在第5章实证检验财政横向失衡对市场分割的影响。

4

财税体制中的财政纵向失衡与全国统一大市场建设：机制、效应研究

为了检验财政纵向失衡对市场分割的影响，本章首先基于理论分析提出研究假设，然后基于2003—2019年我国省级面板数据，构建双向固定效应模型，实证分析财政纵向失衡对市场分割的影响。为确保研究结果的稳健性，采用最小二乘虚拟变量方法、双向固定效应加聚类稳健标准误回归方法、改变控制变量度量方法和系统广义矩估计的方法进行稳健性检验和内生性问题讨论。之后，按地理位置和经济增速两个维度，分析财政纵向失衡对市场分割的地区异质性影响。接下来，探析财政纵向失衡通过地方政府竞争对市场分割影响的作用机制效应。最后，分析经济增长目标管理、审计监督强度和转移支付规模在财政纵向失衡影响市场分割中的调节机制效应。

4.1 理论分析与研究假设

4.1.1 财政纵向失衡与市场分割

在分税制财政体制下，一方面，我国税收立法权高度集中的状态一直延续，中央和地方享有的税种以及具体的征缴办法基本由中央政府决定，中央政府将税源集中、收入较大的税种划分为共享税，地方政府的税收自主权相对有限，直接导致了税权事实上的集中。另一方面，在税权日趋集中的同时，支出决策权和支出责任划分按照分权的方向进行改革（张宇，2018），这种地方政府自主性财政收入的有限性与其承担的越来越多的财政支出责任之间的矛盾，上升到财政体制层面便形成财政纵向失衡（李森、彭田田，2021）。财政纵向失衡是造成地方政府政策偏向和资源配置偏斜的体制原因，在财政纵向失衡的情形下，地方政府在保证基本公共服务供给和促进地方经济发展的双重压力下，会采取各种有偏向的政策措施来增加财政收入，地方政府倾向于对某些具有高投入和高产出特点的行业提供财税政策支持，因而随着财政纵向失衡程度的加大，税收征管强度会显著下降（杨得前，2014），企业的平均有效税率也明显下降（贾俊雪、应世为，2016），这些选择性的财税支持政策会在一定程度上加剧市场分割。此外，为了应对财政收支不平衡，地方政府往往会优先支持地产开发和工业园区建设等短期内能够快速带来财政收入的产业和项目，推动了地方政府在建设开发区方面的策略互动（邓慧慧等，2018）。地方政府这种财税政策选择和资源配置的偏向性虽然在短期内能够缓解地方财政压力，但长期会导致区域间产业结构和经济环境方面的差异，进而加剧市场分割。由此本书提出研究假设4-1：

H4-1：财政纵向失衡会加剧市场分割程度。

4.1.2 财政纵向失衡影响市场分割：作用机制维度

本书在第2章财政失衡通过地方政府竞争影响市场分割的部分中，全面分析了财政纵向失衡通过税收“竞底”、财政支出“竞高”以及环境规制“竞低”三种地方政府竞争作用路径对市场分割影响的逻辑机理，在此基础上，通过进一步分析从作用机制维度给出研究假设。

1）税收“竞底”方面

在财政纵向失衡的情形下，与企业边际投资相比，地方税收竞争的着力点置于吸引企业进入（贾俊雪、应世为，2016），倾向于实施降低实际税率、减免费用、递延税款等竞低的税收竞争策略（王瑞祥等，2019），以及通过设立经济开发区以提供更有力的税收及其他补贴优惠（傅得晟，2019），导致离国家级开发区越近区县的企业所得税实际税率越低（何益欣，2021），税率差异是税收“竞底”效应的体现，其效应大小与国家级开发区的影响力、地方政府的引资压力以及省级开发区的设立有关。而为税收而竞争导致的税负下降加剧了市场分割（范欣、宋冬林，2020），税收竞争程度越高，市场分割水平越高，阻碍了市场一体化进程（毛军、梁宏志，2019）。总之，税收“竞底”导致企业的税收负担、利润和产品价格在地区间呈现较大的差异化，会阻碍商品在区域间按价格信号自由流动，从而加剧了市场分割现象。

2）财政支出“竞高”方面

在财政纵向失衡的语境下，为了吸引更多的资本流入与增强本地区经济发展实力，当地区资源禀赋水平相近时，地方政府会更倾向于在生产性支出方面采取竞高策略（唐沿源，2016），因为增加本地交通、信息基础设施和科教文卫等方面的投入，能够改善当地的硬件设施和软件条件，降低资本流动的成本，增加资本的流入（李承怡，2019），而随着地方间财政支出“竞高”程度的加大，以邻为壑的回响效应会拉大地区间的差异并提高市场分割水平（毛军、梁宏志，2019）。

3）环境规制“竞低”方面

我国的环境规制以政府行政命令和绩效考核为主，并与市场规制工具相结合（余泳泽、尹立平，2022），财政纵向失衡会加剧环境污染，且这一效应在中部、西部城市与资源型城市更加明显（申洋、郭俊华，2021）。由于地方政府具有较大的控制环境标准的权力，导致了不同地区环境规制标准的显著差异，而环境规制标准的地区差异会对企业的选址决策产生影响，使得污染密集型行业呈现向环境规制较为宽松地区集聚的趋势（施美程、王勇，2016），如污染密集型产业集聚与环境污染重心均由东部沿海向中西部地区转移（何正霞等，2022）。这种基于环境规制标准差异的产业布局不均衡现象会形成商品在不同地区间流动的障碍，不利于市场的有效整合，并加剧市场分割。

基于以上三个层面的分析，本书提出研究假设4-2-1、假设4-2-2和假设4-2-3。

H4-2-1：财政纵向失衡通过税收“竞底”加剧了市场分割程度。

H4-2-2：财政纵向失衡通过财政支出“竞高”加剧了市场分割程度。

H4-2-3：财政纵向失衡通过环境规制“竞低”加剧了市场分割程度。

4.1.3 财政纵向失衡影响市场分割：调节机制维度

本书在第2章财政失衡影响市场分割的调节机制部分中，系统阐述了经济增长目标管理、审计监督强度与转移支付对财政纵向失衡影响市场分割进行调节的关系机理，在此基础上，通过进一步分析从调节机制维度提出研究假设。

1）经济增长目标管理

在我国，经济增长目标管理具有政治导向、强制性约束和高执行效率的特点，既是经济增速的期望值，也是触发全体政府部门和组织资源动员的关键因素（詹新宇、刘文彬，2020）。地方政府为了实现经济增长目标，会不断增加公共财政资源在基础设施建设、技术研发和产业扶持等能直接刺激经济增长的领域的投入，经济增长压力对基础设施数量具有正向促进的线性影响效应（黄亮雄等，2022），经济增长目标显著提高了地区的固定资产投资水平（莫龙炯等，2022）。在地方财政收入规模持续偏小的情况下，由追求经济增长目标引致的财政支出增加会进一步恶化财政纵向失衡状况，进而加剧市场分割程度。

2）审计监督强度

审计监督作为国家治理的“免疫系统”，对地方财政资金使用的事前、事中和事后监督都能发挥重要作用。通过事前预警和防范机制，能够有效预测和防范财政资金在拨付及使用环节的风险隐患（天津市审计学会课题组等，2022），促使地方政府在财政支出决策时更加审慎，有助于防止财政资金的不当使用，减少因财政资源配置不合理导致的财政纵向失衡问题。通过事中查惩和事后揭示机制，可以提高地方财政透明度，降低财政资金被侵占和滥用的风险。例如，审计监督对地方政府卫生支出的腐败行为具有显著的治理功能（卢维学等，2022）。作为审计监督发挥预防、揭示、抵御等“免疫系统”功能的必要条件，审计独立显著提升了地方财政透明度，特别对市场化程度高、自然资源依赖程度低和财政自主度高的城市的效应更为明显（魏涛等，2023）。概言之，加强审计监督可以发挥对地方财政资金使用的约束作用，提高财政资金的使用效率和保障财政资金使用的合理方向，有助于降低财政纵向失衡程度，进而弱化财政纵向失衡对市场分割的影响。

3）转移支付规模

转移支付能够弥补地方财政的非对称性缺口，减少地方政府对本级税收的过度依赖。扩大转移支付规模有助于增强地方财政自给能力和降低财政纵向失衡程度，特别是一般性转移支付与税收返还可以有效缓解或降低财政纵向失衡程度（储德银、迟淑娴，2018）。从财政支出的角度，扩大转移支付规模有助于增加地方人均农业支出、人均公共服务支出和人均人力资本支出（徐明，2021），财政支出结构的优化有利于提升地方政府的长期发展能力，进一步减弱财政纵向失衡。由此可见，转移支付规模的扩大有助于降低财政纵向失衡程度，进而弱化财政纵向失衡对市场分割的影响。

基于以上三个维度的分析，本书提出研究假设4-3-1、假设4-3-2和假设4-3-3。

H4-3-1：经济增长目标管理会强化财政纵向失衡对市场分割的影响。

H4-3-2：加强审计监督会弱化财政纵向失衡对市场分割的影响。

H4-3-3：扩大转移支付规模会弱化财政纵向失衡对市场分割的影响。

4.2 研究设计

4.2.1 模型构建

1）双向固定效应模型

为了实证检验财政纵向失衡对市场分割的影响，本书借鉴李真和苏春红（2023）的研究，构建以财政纵向失衡为解释变量、市场分割为被解释变量的双向固定效应模型，具体形式如公式（4-1）所示。

$$\ln SEG_{it} = \beta_1 * \ln VFI_{it} + \theta_1 * X_{it} + \delta_i + \rho_t + \varepsilon_{it} \tag{4-1}$$

$\ln SEG_{it}$表示地区i在t年度的市场分割水平；$\ln VFI_{it}$表示地区i在t年度的财政纵向失衡程度；X_{it}是可能对市场分割水平产生影响的其他控制变量；δ_i是地区固定效应；ρ_t代表时间固定效应；ε_{it}是随机误差项。如果β_1显著为正，则研究假设4-1得证。

2）中介效应模型

为了检验财政纵向失衡通过地方政府竞争影响市场分割的传导路径和传导效应，本书借鉴温忠麟和叶宝娟（2014）的机制检验法，构建中介效应检验模型，具体形式如公式（4-2）、（4-3）和（4-4）所示：

$$\ln SEG_{it} = c * \ln VFI_{it} + \theta_1 * X_{it} + \delta_i + \rho_t + \varepsilon_{it} \tag{4-2}$$

$$medi_{it} = a * \ln VFI_{it} + \theta_1 * X_{it} + \delta_i + \rho_t + \varepsilon_{it} \tag{4-3}$$

$$\ln SEG_{it} = c'*\ln VFI_{it} + b*medi_{it} + \theta_1*X_{it} + \delta_i + \rho_t + \varepsilon_{it} \tag{4-4}$$

为了检验上述中介效应模型是否成立，分三个步骤检验模型的回归系数：第一步，检验式（4-2）中系数c的显著性，这一系数代表财政纵向失衡影响市场分割的总效应。第二步，检验式（4-3）中系数a的显著性，并在控制中介变量以后，检验式（4-4）中系数b和系数c'的显著性。其中系数a代表财政纵向失衡对中介变量的影响效应，系数b代表中介变量对市场分割的影响效应，两者共同构成以上变量间的间接效应，而系数c'则代表财政纵向失衡影响市场分割的直接效应。第三步，通过系数a、b、c和c'的显著性判定财政纵向失衡对市场分割的影响是否存在中介机制。若各变量的估计系数均显著，则说明存在财政纵向失衡影响市场分割的中介机制，其中介效应为$a*b$，若仅系数a、b和c显著，则说明不存在财政纵向失衡影响市场分割的中介机制。根据前文的论述，财政纵向失衡影响市场分割中介变量是三个维度的地方政府竞争，包括税收“竞底”（$medi1$）、财政支出“竞高”（$medi2$）和环境规制“竞低”（$medi3$）。如果取值为$medi1$时，a、b、c和c'都显著为正，则研究假设4-2-1得证。如果取值为$medi2$时，a、b、c和c'都显著为正，则研究假设4-2-2得证。如果取值为$medi3$时，a、b、c和c'都显著为正，则研究假设4-2-3得证。

3）调节效应模型

为了检验经济增长目标在财政纵向失衡影响市场分割上的调节效应，本书借鉴韩先锋等（2023）的研究，构建以经济增长目标为调节变量的调节效应分析模型，见公式（4-5）。其中，gey_r_{it}表示省级政府i在t年的经济增长目标，$gey_r_{it}*\ln VFI_{it}$表示财政纵向失衡下经济增长目标介入的交互影响效果，其他变量定义方式如前文所述。如果γ显著为正，则研究假设4-3-1得证，模型的具体形式如下：

$$\ln SEG_{it} = \beta_1*\ln VFI_{it} + \alpha gey\_r_{it} + \gamma gey\_r_{it}*\ln VFI_{it} + \theta_1*X_{it} + \delta_i + \rho_t + \varepsilon_{it} \tag{4-5}$$

为了检验审计监督强度在财政纵向失衡影响市场分割上的调节效应，本书借鉴余应敏等（2018）的研究，构建以审计监督强度为调节变量的调节效应分析模型，见公式（4-6）。其中，$augdp_{it}$表示省级政府i在t年的审计监督强度，$augdp_{it}*\ln VFI_{it}$表示财政纵向失衡下审计监督介入的交互影响效果，其他变量定义方式如前文所述。如果γ显著为正，则研究假设4-3-2得证，模型的具体形式如下：

$$\ln SEG_{it} = \beta_1*\ln VFI_{it} + \alpha augdp_{it} + \gamma augdp_{it}*\ln VFI_{it} + \theta_1*X_{it} + \delta_i + \rho_t + \varepsilon_{it} \quad (4-6)$$

为了检验转移支付规模在财政纵向失衡影响市场分割上的调节效应，本书借鉴王宇昕等（2023）的研究，构建以转移支付规模为调节变量的调节效应分析模型，见公式（4-7）。其中，$\ln transfer_{it}$表示省级政府i在t年的转移支付规模，$\ln transfer_{it}*\ln VFI_{it}$表示财政纵向失衡下转移支付规模介入的交互影响效果，其他变量定义方式如前文所述。如果γ显著为正，则研究假设4-3-3得证，模型的具体形式如下：

$$\ln SEG_{it} = \beta_1*\ln VFI_{it} + \alpha \ln transfer_{it} + \gamma \ln transfer_{it}*\ln VFI_{it} + \theta_1*X_{it} + \delta_i + \rho_t + \varepsilon_{it} \quad (4-7)$$

4.2.2 变量说明与数据来源

1）变量说明

被解释变量。本部分的被解释变量是市场分割程度，用第3章测度的省级市场分割指标来衡量，并做取对数处理。

解释变量。本部分的解释变量是财政纵向失衡程度，用第3章测度的省级财政纵向失衡指标来衡量，并做取对数处理。

控制变量。本部分的控制变量包括5个，具体内容如下：

（1）对外开放水平（ln*op*）。本书参考徐秋艳和刘浩冬（2024）的研究，以进出口总额占地区生产总值比重的对数衡量对外开放水平，进出口总额采用当年人民币对美元汇率的中间价进行折算（陈恒、侯建，2017）。对外开放水平对市场分割程度存在两个方面的影响：一是有利于激发市场活力，约束政府对市场的非理性干预，从而降低市场分割程度；二是会挤出国内贸易，不利于本地企业的发展，进而激励地方政府实施地方保护政策，加剧市场分割程度（宋冬林、范欣，2015）。

（2）经济发展水平（*light*）。本书参考Chen等（2021）的研究，以夜间灯光亮度衡量经济发展水平。经济发展水平的提高会增强市场分割的程度（邵汉华等，2020）。与经济发展水平较低的地区相比，经济发展水平较高的地区在投资、基础设施建设和产业发展等方面通常已经形成了明确的竞争优势（邓睦军、龚勤林，2018），因而这些地区会更倾向于通过地方保护强化其市场地位，从而导致市场分割程度的提高。

（3）政府规模（*inter*）。本书参考曾铖等（2017）的研究，用政府消费占地区生产总值的比重衡量政府规模。政府规模对市场分割程度存在两个方面影响：一是政府规模越大，越有利于降低市场分割程度（马鑫、黄涛，2023）。其原因在于，政府规模能够体现政府的干预能力，地方政府规模越大往往越有能力实施那些需要较强政府执行力背书的组织协调策略和区域发展战略。二是扩大政府规模也是加剧市场分割程度的一大因素（汪阳昕、黄漫宇，2023）。政府控制能力的增强也会成为推动地方过度竞争的重要因素，进而提高市场分割程度（王欣、杜宝贵，2021）。因而政府规模对市场分割程度的影响效应具有不确定性。

（4）政府与市场关系（*mark*1）。本书参考韩彦超（2022）的研究，直接使用国民经济研究所发布的《中国分省份市场化指数报告（2021）》中政府与市场关系分项衡量政府与市场关系。政府与市场关系的增进会带来市场分割程度的降低（王晓东、张昊，2023）。政府对市场的干预越少，市场在资源配置中的主导地位越强，行政手段对资源配置的影响就会越弱，从而因行政命令或地区政策引导而产生的市场分割程度会降低。

（5）非国有经济发展水平（*mark*2）。本书参考韩彦超（2022）的研究，直接使用国民经济研究所发布的《中国分省份市场化指数报告（2021）》中非国有经济发展水平分项衡量非国有经济发展水平。非国有经济发展程度的提高对市场分割程度存在两方面的影响：一方面，非国有经济发展水平的提高有利于降低地方保护程度，进而降低市场分割程度（张柳钦等，2023）；另一方面，非国有经济发展水平的提高也会成为市场分割程度增强的一个因素（张宇，2018）。这是因为，非国有经济发展水平的提高会导致资本在某些地区集中，使这些地区获得更多的资源和机会，而其他地区则会被边缘化，从而加剧市场分割。综上这两个方面，非国有经济发展对市场分割的影响效应具有不确定性。

表4-1给出了核心变量的描述性统计。

表4-1 **核心变量的描述性统计**

变量名称	观测值	均值	标准差	最小值	最大值
ln*SEG*	510	1.623	0.619	0.303	3.847
ln*VFI*	510	−0.441	0.374	−1.903	−0.064
ln*op*	510	−1.703	0.989	−4.369	0.611
light	510	0.916	1.942	0.005	16.749
inter	510	0.227	0.107	0.084	0.758
*mark*1	510	7.285	1.802	0.841	12.152
*mark*2	510	8.635	2.515	1.338	12.73

2）数据来源

由于《全国收费公路统计公报》中公开的历年公路收费额中最早能查找到2003年的数据，而且2003年商品价格的统计口径发生变化，因此，本书对市场分割程度的测算从2003年开始。考虑到2020—2022年新冠疫情期间，供应链中断作为一种突发外部冲击，对省际商品和服务流通产生了显著影响，这种影响尤其体现在价格变动和运输成本上，会导致市场分割指数显著的临时性扭曲。因此，为获得更具代表性和一般性的理解和结论（解晋等，2023），本部分对市场分割程度测算使用的数据年限是2003—2019年。

限于市场分割测算的数据年限，本书实证分析所使用的数据年限是2003—2019年。限于数据可得性，本部分实证分析剔除了西藏、香港、澳门和台湾。最终，本书实证分析所使用的是2003—2019年30个省（自治区、直辖市）的数据。整个研究期间涵盖17年的时间跨度，得到510个样本量（30个省份×17年），以期为本研究提供稳健的数据基础。

在财政纵向失衡的数据来源方面，计算财政收入分权度使用的人均地方本级财政收入数据来自国家统计局网站提供的地方政府年度财政数据和人口数据。计算财政支出分权度使用的人均地方一般公共预算支出数据来自国家统计局网站提供的地方政府年度财政数据和人口数据。人均中央公共预算收入和人均中央公共预算支出数据来自《中国财政年鉴》和国家统计局网站提供的人口数据。计算地方财政收支缺口率使用的地方一般公共预算支出与地方本级财政收入之差数据来自国家统计局网站提供的地方政府年度财政数据。剔除地区人口规模和经济体量的影响使用的地区总人口和地区生产总值数据均来自国家统计局网站。

在市场分割的数据来源方面，市场分割指数的初步计算使用的8

类商品零售价格指数从国家统计局网站获得。地理距离加权使用的省会城市之间的主干高速公路交通里程数据从省市交通部门和中华人民共和国交通运输部的公开数据获取。剔除运输成本变动使用的单位货物周转量数据从国家统计局网站获得，公路收费总额数据来自交通运输部发布的《全国收费公路统计公报》。省域间运输成本的计算使用的运输企业利润总额和税金数据从国家统计局网站获取，燃油费用和固定资产折旧数据通过《中国能源统计年鉴》获得。劳动力报酬数据从《中国人口和就业统计年鉴》获取，物价指数数据从国家统计局网站获取。

在控制变量的数据来源方面，计算对外开放水平（ln*op*）时，进出口总额数据从《中国统计年鉴》获得，人民币对美元的汇率中间价可通过中国人民银行网站获取。计算经济发展水平（*light*）时，夜间灯光亮度数据来源于美国国家海洋和大气管理局（NOAA）发布的全球夜间灯光数据集，从NOAA的网站下载。计算政府规模（*inter*）时，政府消费数据从《中国财政年鉴》中获得，地区生产总值数据从《中国统计年鉴》中获得。政府与市场关系（*mark*1）数据和非国有经济发展水平（*mark*2）数据来自国民经济研究所发布的《中国分省份市场化指数报告（2021）》。

4.3 实证结果与分析

4.3.1 基准回归分析

表4-2给出财政纵向失衡对市场分割影响的基准回归结果。列（1）中仅考虑核心解释变量对被解释变量的影响，并且控制了地区固定效应和时间固定效应，结果显示，解释变量ln*VFI*的估计系数为

16.9657，且在1%的水平上显著，表明财政纵向失衡对市场分割程度的加剧具有显著促进作用。列（2）~（5）中逐步加入各个控制变量，所有回归结果均显示财政纵向失衡显著加剧了市场分割程度。列（5）的回归结果表明，财政纵向失衡程度每增加1%，市场分割程度相应增加20.5125%。换言之，随着地方政府本级财政收入无法满足支出需要程度的加大，地方政府的各种策略性行为会导致地区间商品价格差异变大，也就是剔除外生的运输技术变化影响后，以地区间价格差衡量的市场分割程度增大，从而验证了本书的假设4-1。

表4-2　**基准回归结果**

变量	(1)	(2)	(3)	(4)	(5)
	ln*SEG*	ln*SEG*	ln*SEG*	ln*SEG*	ln*SEG*
ln*VFI*	16.9657***	16.0411***	19.3507***	19.2473***	20.5125***
	(3.0393)	(2.8819)	(3.3216)	(3.2803)	(3.3764)
ln*op*		0.1564**	0.1915***	0.1743**	0.1664**
		(2.2662)	(2.7213)	(2.4741)	(2.2853)
light		0.0515*	0.0575**	0.0586**	0.0606**
		(1.9233)	(2.1124)	(2.1576)	(2.2033)
inter			1.0639*	0.7692	0.7686
			(1.7091)	(1.1984)	(1.2053)
*mark*1				−0.0616**	−0.0647**
				(−2.4402)	(−2.5075)
*mark*2					0.0171
					(0.6794)
常数项	−144.0145***	−135.8586***	−164.4565***	−163.0830***	−174.0843***
	(−3.0055)	(−2.8445)	(−3.2874)	(−3.2353)	(−3.3324)

续表

变量	(1)	(2)	(3)	(4)	(5)
	lnSEG	lnSEG	lnSEG	lnSEG	lnSEG
观测值	510	510	510	510	510
R-squared	0.647	0.653	0.656	0.661	0.661
地区固定效应	YES	YES	YES	YES	YES
时间固定效应	YES	YES	YES	YES	YES
r^2_a	0.612	0.617	0.619	0.624	0.623
F	9.237	5.644	5.362	5.598	4.831

注：***、**和*分别代表在1%、5%和10%的水平上显著，括号内数值为对应变量估计系数的标准误。

从控制变量对市场分割水平的影响效应看，列（2）~（5）均显示对外开放水平对市场分割起到了显著的正向影响，说明对外开放水平的提高使地方政府更倾向于加强地方保护，由此造成市场分割水平上升。列（2）~（5）均显示以夜间灯光亮度衡量的经济发展水平显著提高了市场分割水平，表明经济发展水平较高的地区为固化其竞争优势，倾向于加强地方保护程度，导致市场分割水平提高。列（3）显示政府规模会显著提高市场分割水平，列（4）~（5）中政府规模的回归系数虽然都为正，但都不显著，可能的原因在于，虽然地方政府规模越大，越能够有效推进组织协调策略和区域发展战略的实施，进而促进市场一体化发展，但是政府控制能力的增强也可能成为异化地方政府行为的重要因素，因此其对市场分割的最终影响效应带有不确定性。列（4）~（5）均显示政府与市场关系得分的提高会显著降低市场分割水平，意味着政府与市场关系得分越高，市场在资源配置中的主导地位越强，行政手段对资源配置的影响越弱，因而受行政命令或地区政策引导而产生的市场分割自然也会越低。列（5）显示非国有经济发展水平得分对市场分割水平的影响不显著，说明非国有经济发展水平得分对市场分割水平没有影响。

4.3.2 稳健性检验及内生性问题讨论

上文通过实证分析验证了财政纵向失衡会强化市场分割程度，但指标选取方式以及回归方法的不同可能会导致回归结果存在差异。为确保本书实证结果的稳健，采用最小二乘虚拟变量方法、双向固定效应+聚类稳健标准误回归方法、改变控制变量度量方法进行稳健性检验。由于内生性问题的存在也可能会对实证研究结论造成干扰，为此，本书采用系统广义矩估计法进行再检验以处理模型中的内生性问题。结果如表4-3所示。

表4-3　稳健性检验及内生性问题讨论的分析结果

变量	(1)	(2)	(3)	(4)	(5)
	$\ln SEG$	$\ln SEG$	$\ln SEG$	$\ln SEG$	$\ln SEG$
$l.\ln SEG$					0.4006^{***}
					(8.5207)
$\ln VFI$	20.5125^{**}	20.5125^{**}	25.9316^{***}	23.8845^{***}	13.5871^{***}
	(2.4077)	(2.4827)	(3.8113)	(3.1388)	(3.1379)
$\ln op$	0.1664	0.1664	0.1338^{*}	0.1510^{**}	0.1814^{***}
	(1.4461)	(1.4912)	(1.9156)	(2.0715)	(4.0513)
$light$	0.0606^{**}	0.0606^{**}	0.0695^{**}		0.0291^{***}
	(2.4502)	(2.5266)	(2.4544)		(3.0121)

续表

变量	(1)	(2)	(3)	(4)	(5)
	lnSEG	lnSEG	lnSEG	lnSEG	lnSEG
inter	0.7686 (1.2503)	0.7686 (1.2893)		0.6721 (1.0498)	0.5042** (1.9724)
*mark*1	−0.0647** (−2.2526)	−0.0647** (−2.3228)	−0.0546** (−2.1500)	−0.0618** (−2.4051)	−0.0848*** (−2.7812)
*mark*2	0.0171 (0.4781)	0.0171 (0.4930)	−0.0068 (−0.2525)	0.0090 (0.3291)	0.0343* (1.9393)
ln*exppo*			0.4747** (2.2133)		
ln*pgdp*				0.0623 (0.2537)	
常数项	−228.2220** (−2.3780)	−228.4387** (−2.4511)	−224.4886*** (−3.7777)	−203.5749*** (−3.0408)	−87.3127*** (−3.1080)
观测值	510	510	510	510	480
R-squared	0.661	0.603	0.664	0.658	
地区固定效应	YES	YES	YES	YES	YES
时间固定效应	YES	YES	YES	YES	YES
r^2_a	0.623	0.585	0.626	0.620	
AR（1）					0.000
AR（2）					0.990
Sargan					0.311

注：***、**和*分别代表在1%、5%和10%的水平上显著，括号内数值为对应变量估计系数的标准误。

1）最小二乘虚拟变量方法

表4-3列（1）是最小二乘虚拟变量方法的回归结果。最小二乘虚拟变量方法（LSDV）通过为每个交叉项引入一个虚拟变量来捕获该交叉项的特定效应，可以有效地减轻由于遗漏与解释变量相关的变量而产生的偏误。通过减少遗漏变量偏误，LSDV提供了更加准确的标准误和置信区间，从而提高了进行统计推断的可靠性。结果显示，解释变量ln*VFI*的估计系数为20.5125，且在5%的水平上显著，表明财政纵向失衡对市场分割程度影响加剧的结论仍然成立，验证了基准回归结果的稳健性。

2）双向固定效应+聚类稳健标准误回归方法

表4-3列（2）是双向固定效应+聚类稳健标准误的回归结果。双向固定效应+聚类稳健标准误的回归方法是对每个观测值减去其组平均值，去除了每个单元的平均效应，从而消除了与解释变量可能相关的不可观察的单元特异性，并提供了异方差-稳健的标准误。结果显示，解释变量ln*VFI*的估计系数为20.5125，且在5%的水平上显著，表明财政纵向失衡对市场分割程度影响加剧的结论仍然成立，验证了基准回归结果的稳健性。

3）改变控制变量度量方法分析

表4-3列（3）将原基准回归中的政府规模（*inter*）替换为地方财政人均一般公共预算支出（ln*exppo*），考虑到中国式财政分权的重点是分财力而不是分财权，地方财政决算支出占地区生产总值比重的高低能够代表地方政府实际财力规模，因而也可以用这一指标来衡量政府规模（段龙龙、何虎，2023）。结果显示，解释变量ln*VFI*的估计系数为25.9316，且在1%的水平上显著，表明以地方财政人均一般公共预算支出替换原政府规模指标后，仍支持财政纵向失衡对市场分割程度影响加剧的结论。

表4-3列（4）将原基准回归中的经济发展水平（*light*）替换为人均地区生产总值（ln*pgdp*），考虑到人均地区生产总值能够较为直观地反映出地区平均财富水平和居民生活标准，是比较不同地区经济状况的一个标准化衡量指标，因而此处使用这一指标来衡量经济发展水平。结果显示，解释变量ln*VFI*的估计系数为23.8845，且在1%的水平上显著，表明以人均地区生产总值替换原经济发展水平指标后，仍支持财政纵向失衡对市场分割程度影响加剧的结论。

4）系统广义矩估计回归方法

由于可能存在的遗漏变量偏误、反向因果关系、测量误差，以及未能充分考虑的市场分割的动态性等问题，基准模型可能受到内生性偏误的影响。系统GMM使用滞后变量作为工具变量，可以解决同时性偏误和反向因果关系问题。此外，系统GMM能够利用所有可用的时变和时不变信息，并减少因固定效应模型中不随时间变化的变量而遗漏的重要信息，因此本书进行系统广义矩估计回归方法的再检验。表4-3列（5）是系统广义矩估计法（系统GMM）的回归结果。系统GMM是用于处理动态面板数据模型中内生性问题的一个先进工具，能够利用滞后的因变量和解释变量作为预定变量的工具变量，为模型中的潜在内生解释变量提供外生性变异，从而解决内生性引起的估计偏误。通过结合差分和水平方程，系统GMM还能充分利用时变和时不变信息提高参数估计的效率并减少偏误。考虑到系统GMM方法不仅能有效处理模型的内生性问题，还能提高估计的准确性和效率，因而本书使用系统GMM方法进行回归分析。在应用广义矩估计（Generalized Method of Moments，GMM）方法时，一个关键的前提是确保模型的残差项不表现出自相关性，以保障估计结果的一致性和有效性。此目的通过进行Arellano-Bond序列相关检验（通常简称为AR检验）来实现。此检验的基本假设是假定残差序列中存在自相关性。

在一个理想的模型设定中，残差序列应当仅显示出一阶自相关（即第一期的残差与其前一期残差相关，对应的*P*值小于0.05的显著性水平），而不应展现二阶自相关（即不存在超过一期的残差相关性，与之对应的*P*值应大于0.05）。若模型检验结果显示残差序列具有二阶自相关，就表示模型设定存在问题，因而系统GMM方法可能不适宜应用于当前数据。

进一步地，为了验证模型中滞后变量作为工具变量的适宜性，通常需要进行Sargan检验。Sargan检验的原假设认为模型中所有工具变量均为有效工具。在此检验中，一个较高的*P*值（通常大于0.05）表明所有工具变量均可被认为是有效的，从而支持模型的工具变量设定。这一步骤对于确保估计的一致性和准确性至关重要，因为不适当的工具变量可能会导致有偏估计或无效估计结果。表4-3的结果显示，解释变量ln*VFI*的估计系数为13.5871，且在1%的水平上显著，表明在运用系统广义矩估计法控制内生性的情况下，财政纵向失衡对市场分割程度影响加剧的结论仍然成立，进一步验证了基准回归结果的信度。

4.3.3 异质性检验

为了验证财政纵向失衡对市场分割影响的地区异质性，本书从地理位置和经济增速两个维度进行分析。这是因为，不同的地理位置和经济增速是导致地区财政收入结构与财政支出政策倾向方面存在差异的重要因素，会进一步造成不同地区财政纵向失衡程度的差别，以及相应的地方政府策略行为的差异，进而使财政纵向失衡对市场分割产生不同的影响。

在地理位置的地区异质性分析方面，本书第3章关于市场分割时序演变的分析结果表明，中部地区和东部地区存在一定的相似性，且与西部地区存在显著差异性。在财政纵向失衡的时序演变的分析中也得出了类似的结论，因此将中部地区和东部地区合并，按照中东部和西部两类地区的划分方式来考察财政纵向失衡对市场分割的异质性影响。在经济增速的地区异质性分析方面，采用人均地区生产总值增长率作为衡量指标，将高于人均地区生产总值增长率中位数的地区定位为经济增长率较高地区，将低于人均地区生产总值增长率中位数的地区定位为经济增长率较低地区。本书第3章的研究也表明，经济增长率较高地区与经济增长率较低地区在市场分割方面存在明显差异，高增长率省份的市场分割程度更高且更为均匀，低增长率省份的市场分割程度则显示出较大的波动性和差异性。

表4-4列示了按地理位置和经济增速分组进行回归的结果。首先，按地理位置划分的回归结果显示，西部地区解释变量ln*VFI*的估计系数为25.3329，且在10%显著性水平上显著，而中东部地区解释变量ln*VFI*的估计系数为正，但不显著，表明财政纵向失衡会显著提高西部地区的市场分割程度，但对中东部地区的市场分割程度没有影响。之所以呈现这种差异化现象，可能的原因在于，西部地区对中央财政资源的依赖程度较高，当财政纵向失衡加剧时，地方政府在财政资源分配和使用上的不均衡会直接影响到市场的有效运行，进而提高市场分割程度。中东部地区由于经济实力较强，地方政府拥有更多的自主财政资源和调节市场的能力，因此财政纵向失衡对市场分割的影响不显著。

表4-4　　**异质性检验的分析结果**

分组情况	按地理位置划分		按经济增速划分	
	西部	中东部	高增长率地区	低增长率地区
ln*VFI*	25.3329*	12.5245	10.3852	27.7027**
	(1.9583)	(1.4500)	(1.0822)	(2.5921)

续表

分组情况	按地理位置划分		按经济增速划分	
	西部	中东部	高增长率地区	低增长率地区
控制变量	YES	YES	YES	YES
地区固定效应	YES	YES	YES	YES
时间固定效应	YES	YES	YES	YES
常数项	−216.3896* (−1.9428)	−105.4038 (−1.4216)	−85.6338 (−1.0498)	−235.8223** (−2.5715)
观测值	187	323	255	255
R-squared	0.688	0.715	0.748	0.687
r^2_a	0.623	0.675	0.687	0.613
F	2.566	1.317	5.117	2.230

注：***、**和*分别代表在1%、5%和10%的水平上显著，括号内数值为对应变量估计系数的标准误。

其次，按经济增速划分的回归结果显示，经济增长率较高地区解释变量ln*VFI*的估计系数为正，但不显著，而经济增长率较低地区解释变量ln*VFI*的估计系数为27.7027，且在5%的水平上显著，表明财政纵向失衡会显著提高经济增长率较低地区的市场分割水平，但对经济增长率较高地区的市场分割水平没有影响。之所以呈现这种差异化现象，可能的原因在于，在经济增长较缓慢的地区，财政纵向失衡的影响通过限制地方政府的财政能力和投资水平，显著地削弱了区域间的经济融合，导致市场分割加剧。相反，在经济增长迅速的地区，较强的财政收入和经济活力可能促进了市场一体化，抵消了财政纵向失衡的潜在负面效应，因此其市场分割水平不受财政纵向失衡的影响。

4.4 机制效应检验

4.4.1 基于地方政府竞争三个维度的作用机制效应分析

前文的实证分析结果表明，财政纵向失衡对市场分割水平具有显著正向影响，并且财政纵向失衡对市场分割的加剧作用主要体现在西部地区和低增长率地区。为了更好地理解财政纵向失衡影响市场分割的作用机制效应，引入地方政府竞争的三个维度作为中介变量进行分析。

1）税收“竞底”的中介效应

税收“竞底”（*medi*1）用（相邻地区税收收入占地区生产总值比重/本地区税收收入占地区生产总值比重）×（全国税收收入占GDP比重/本地区税收收入占地区生产总值比重）的对数值衡量。表4-5的列（1）~（3）报告了对税收“竞底”的中介效应检验结果。列（1）是对式（4-2）的估计结果，解释变量ln*VFI*的估计系数为20.5125，且在1%的水平上显著。列（2）是对式（4-3）的估计结果，解释变量ln*VFI*的估计系数为3.4051，在1%的水平上显著，说明财政纵向失衡对税收“竞底”有着显著促进作用；列（3）是对式（4-4）的估计结果，解释变量ln*VFI*的估计系数为18.8813，且在1%的水平上显著，同时，ln*medi*1的估计系数为0.4457，且在10%的水平上显著。对比列（1）和列（3），可以看出财政纵向失衡的估计系数符号相同。总体看，中介效应显著，即财政纵向失衡通过加剧税收“竞底”推动了市场分割水平的提升。由此，研究假设4-2-1得以验证。

表4-5　　　　**税收“竞底”中介效应的分析结果**

变量	(1)	(2)	(3)
	ln*SEG*	ln*medi*1	ln*SEG*
ln*VFI*	20.5125*** (3.3764)	3.4051*** (2.6397)	18.8813*** (2.9751)
ln*medi*1			0.4457* (1.7032)
常数项	-174.0843*** (-3.3324)	-29.5933*** (-2.6716)	-159.7655*** (-2.9290)
观测值	510	510	510
R-squared	0.661	0.891	0.663
地区固定效应	YES	YES	YES
时间固定效应	YES	YES	YES
r^2_a	0.623	0.879	0.625
F	4.831	5.350	5.048

注：***、**和*分别代表在1%、5%和10%的水平上显著，括号内数值为对应变量估计系数的标准误。

2）财政支出“竞高”的中介效应

财政支出“竞高”（*medi*2）用本地区一般公共预算支出占地区生产总值比重/全国平均一般公共预算支出占GDP比重来衡量。表4-6列（1）~（3）报告了对财政支出“竞高”的中介效应检验结果。在列（1）中，解释变量ln*VFI*的估计系数为20.5125，且在1%的水平上显著。列（2）是对式（4-3）的估计结果，解释变量ln*VFI*的估计系数为6.8568，在1%的水平上显著，说明财政纵向失衡对财政支出“竞高”有着显著促进作用；列（3）是对式（4-4）的估计结果，可以发现，解释变量ln*VFI*的估计系数为14.6382，且在5%的水平上显著，同时，*medi*2的估计系数为0.8567，且在5%的水平上显著。对比列（1）和列（3），可以发现财政纵向失衡的估计系数符号相同。总体看，中介效应显著，即财政纵向失衡通过加剧财政支出“竞高”推动了市场分割水平的提升。由此，研究假设4-2-2得以验证。

表4-6　　**财政支出“竞高”中介效应的分析结果**

变量	(1)	(2)	(3)
	ln*SEG*	*medi*2	ln*SEG*
ln*VFI*	20.5125***	6.8568***	14.6382**
	(3.3764)	(7.2957)	(2.2474)
*medi*2			0.8567**
			(2.3905)
常数项	-174.0843***	-58.4301***	-124.0270**
	(-3.3324)	(-7.2399)	(-2.2171)
观测值	510	510	510
R-squared	0.661	0.988	0.665
地区固定效应	YES	YES	YES
时间固定效应	YES	YES	YES
r^2_a	0.623	0.987	0.627
F	4.831	1.519	5.170

注：***、**和*分别代表在1%、5%和10%的水平上显著，括号内数值为对应变量估计系数的标准误。

3）环境规制“竞低”的中介效应

环境规制“竞低”（*medi*3），用（相邻地区的污染治理额占比/本地区的污染治理额占比）×（全国平均污染治理额占比/本地区的污染治理额占比）来度量。表4-7列（1）~（3）报告了环境规制“竞低”的中介效应检验结果。在列（1）中，解释变量ln*VFI*的估计系数为20.5125，且在1%的水平上显著。列（2）是对式（4-3）的估计结果，解释变量ln*VFI*的估计系数为8.3370，在1%的水平上显著，说明财政纵向失衡对环境规制“竞低”有着显著促进作用。列（3）是对式（4-4）的估计结果，解释变量ln*VFI*的估计系数为19.1827，且在1%的水平上显著，同时，环境规制“竞低”的估计系数为0.1595，且在10%的水平上显著。对比列（1）和列（3），可以看出财政纵向失衡的估计系数符号相同。总体看，中介效应显著，即财政纵向失衡通过加剧环境规制“竞低”推动了市场分割水平的提升。由此，研究假设4-2-3得以验证。

表4-7　　　　**环境规制“竞低”的中介效应分析结果**

变量	（1）	（2）	（3）
	ln*SEG*	*medi*3	ln*SEG*
ln*VFI*	20.5125***	8.3370***	19.1827***
	（3.3764）	（2.7162）	（3.1626）
*medi*3			0.1595*
			（1.8219）
常数项	-174.0843***	-70.7358***	-162.8015***
	（-3.3324）	（-2.6827）	（-3.1213）
观测值	510	510	510
R-squared	0.661	0.509	0.664
地区固定效应	YES	YES	YES
时间固定效应	YES	YES	YES
r^2_a	0.623	0.455	0.625
F	4.831	5.704	4.617

注：***、**和*分别代表在1%、5%和10%的水平上显著，括号内数值为对应变量估计系数的标准误。

4.4.2 基于三个面向的调节机制效应检验

1）经济增长目标管理的调节机制效应

经济增长目标管理是指地方政府基于财政激励或政治晋升激励而为提高经济增长目标与促进地方经济增长所付出的努力。在经济增长目标管理的测度上，本书参考詹新宇和刘文彬（2020）的研究，为剔除影响各省份经济增长目标的客观因素（如经济发展形势），以较准确地测度省级政府在制定经济增长目标时的主观行为，设定模型如下：

$$gey_{it} = \alpha_0 + \alpha_1 gy_{it-1} + \alpha_2 pgdp_{it-1} + \alpha_3 complete_{it-1} + \theta_i + \varphi_t + \omega_{it} \tag{4-8}$$

式（4-8）中，θ_i为地区固定效应，φ_t为时间固定效应，ω_{it}为随机扰动项。gey_{it}表示各省份当年的经济增长目标，gy_{it-1}是各省份上一年的实际经济增长率，$pgdp_{it-1}$为各省份上一年的人均地区生产总值水平；$complete_{it-1}$为各省份上一年的经济增长目标完成率，经济增长目标完成率用实际经济增长率与经济增长目标的比例来衡量。为了剔除这些对当年经济增长目标制定产生影响的客观因素，通过式（4-8）提取出经济增长目标的残差值，用以测度剔除客观因素之后地方政府能够发挥主观能动性和自由裁量权的经济增长目标管理水平。

表4-8报告了经济增长目标管理对财政纵向失衡影响市场分割的调节效应回归结果。列（1）~（5）的结果均显示，经济增长目标*gey_r*，以及财政纵向失衡和经济增长目标的综合项*gey_r**ln*VFI*的系数都在1%的水平上显著为正，说明经济增长目标管理不仅加剧了市场分割程度，而且强化了财政纵向失衡加剧市场分割的正向影响，由此验证了研究假设4-3-1。可能的原因在于，经济增长目标

管理是地方政府驱动经济发展的重要抓手之一，由于经济增长目标具有政治性、强约束性和高执行效率，因而地方政府会竭力调配各项资源来助推经济增长目标的实现。而经济增长目标的压力会强化地方财政支出力度，加大财政纵向不平衡，进而进一步加剧市场分割。

表4-8　　**基于经济增长目标管理的调节效应分析结果**

变量	(1)	(2)	(3)	(4)	(5)
	ln*SEG*	ln*SEG*	ln*SEG*	ln*SEG*	ln*SEG*
*gey_r**ln*VFI*	0.0080*** (5.3291)	0.0083*** (5.8474)	0.0075*** (5.3686)	0.0075*** (5.5344)	0.0075*** (5.5276)
ln*VFI*	0.0557*** (9.5364)	0.0541*** (9.3681)	0.0482*** (8.0944)	0.0466*** (8.4150)	0.0466*** (8.4118)
gey_r	0.0877*** (5.1913)	0.0858*** (5.4181)	0.0831*** (5.3301)	0.0840*** (5.6117)	0.0840*** (5.6112)
ln*op*		0.0203 (0.9624)	0.0953*** (4.0584)	0.1218*** (5.0618)	0.1212*** (4.8079)
light		0.0447*** (3.6637)	0.0346*** (2.8743)	0.0460*** (3.7427)	0.0462*** (3.6830)
inter			1.2848*** (6.0012)	0.7421*** (3.0866)	0.7474*** (3.0361)
*mark*1				−0.0654*** (−4.2476)	−0.0659*** (−4.0052)
*mark*2					0.0009 (0.0769)

续表

变量	(1)	(2)	(3)	(4)	(5)
	lnSEG	lnSEG	lnSEG	lnSEG	lnSEG
常数项	0.2934*	0.3190*	0.2426	0.8824***	0.8763***
	(1.7302)	(1.9275)	(1.4988)	(4.2339)	(3.8724)
观测值	510	510	510	510	510
R-squared	0.632	0.656	0.680	0.691	0.691
地区固定效应	YES	YES	YES	YES	YES
时间固定效应	YES	YES	YES	YES	YES
r^2_a	0.594	0.619	0.644	0.656	0.655
F	42.02	31.84	35.04	33.32	29.31

注：***、**和*分别代表在1%、5%和10%的水平上显著，括号内数值为对应变量估计系数的标准误。

2）审计监督强度的调节机制效应

为了检验审计监督强度在财政纵向失衡影响市场分割中的调节效应，引入审计监督强度（*augdp*）作为调节变量，审计监督强度用审计发现问题金额占地区生产总值的比重来衡量。表4-9展示了审计监督强度对财政纵向失衡影响市场分割的调节效应回归结果。列（1）~（5）的结果均显示，审计监督强度（*augdp*）、财政纵向失衡和审计监督强度的综合项*augdp**ln*VFI*的系数都在1%的水平上显著为负，说明加大审计监督强度不仅会降低市场分割程度，而且还会弱化财政纵向失衡对市场分割的不利影响，由此支持了研究假设4-3-2。可能的原因在于，强化审计监督可以促使地方政府准确、充分地贯彻执行中央政府的目标及意愿（寇理，2022），更好地发挥对地方政府行为的约束作用，提高地方财政支出效率，从而能降低财政纵向失衡程度，进而减弱财政纵向失衡对市场分割的消极影响。

表4-9　　　　基于审计监督强度的调节效应分析结果

变量	(1)	(2)	(3)	(4)	(5)
	ln*SEG*	ln*SEG*	ln*SEG*	ln*SEG*	ln*SEG*
*augdp**ln*VFI*	-0.0449^{***}	-0.0447^{***}	-0.0402^{***}	-0.0373^{***}	-0.0373^{***}
	(-6.6108)	(-6.5570)	(-6.0188)	(-5.7294)	(-5.6972)
ln*VFI*	0.0666^{***}	0.0648^{***}	0.0578^{***}	0.0557^{***}	0.0557^{***}
	(9.9409)	(9.7818)	(8.5071)	(8.6488)	(8.6386)
augdp	-0.2056^{***}	-0.1741^{***}	-0.2182^{***}	-0.2290^{***}	-0.2292^{***}
	(-5.1666)	(-4.4224)	(-6.2130)	(-6.6125)	(-6.6098)
ln*op*		0.0214	0.0993^{***}	0.1219^{***}	0.1211^{***}
		(1.0163)	(4.2839)	(5.1261)	(4.8137)
light		0.0388^{***}	0.0286^{**}	0.0386^{***}	0.0389^{***}
		(3.1184)	(2.3454)	(3.0497)	(2.9784)
inter			1.4073^{***}	0.9586^{***}	0.9666^{***}
			(6.6439)	(4.0885)	(4.0543)
*mark*1				-0.0562^{***}	-0.0570^{***}
				(-3.7815)	(-3.5314)
*mark*2					0.0014
					(0.1165)
常数项	1.0699^{***}	1.0787^{***}	0.9754^{***}	1.5376^{***}	1.5282^{***}
	(17.2678)	(14.6467)	(13.3245)	(9.4812)	(8.4922)
观测值	510	510	510	510	510
R-squared	0.644	0.663	0.691	0.699	0.699
地区固定效应	YES	YES	YES	YES	YES
时间固定效应	YES	YES	YES	YES	YES

续表

变量	(1)	(2)	(3)	(4)	(5)
	lnSEG	lnSEG	lnSEG	lnSEG	lnSEG
r^2_a	0.606	0.626	0.656	0.665	0.664
F	40.11	28.10	41.42	38.77	34.30

注：***、**和*分别代表在1%、5%和10%的水平上显著，括号内数值为对应变量估计系数的标准误。

3）转移支付规模的调节机制效应

为了检验转移支付规模在财政纵向失衡影响市场分割中的调节效应，引入转移支付规模作为调节变量。本书借鉴董艳玲和李华（2022）的研究，用净补助收入（中央补助收入－地方政府上解支出）来衡量转移支付规模，并对净补助收入进行人均化和对数化处理，同时将5个计划单列市财政收支归入相应省份（赵永辉、付文林，2017）。鉴于系统GMM方法不仅能够有效处理模型的内生性问题，还能提高估计的准确性和效率，本部分使用系统GMM方法进行回归分析。运用系统GMM方法的前提条件是差分方程中残差序列不存在自相关，为此对估计结果必须进行Arellano-Bond序列相关检验（AR检验）。原假设为“残差序列存在自相关”，当估计结果允许残差序列存在一阶相关（$P<0.05$）并且不存在二阶序列相关（$P>0.05$）时，模型设定正确，适于系统GMM方法估计；如果存在二阶序列相关则说明模型设定有误，系统GMM方法不适用。此外，为了检验滞后变量作为工具变量的有效性，还需要通过Sargan检验，原假设为“所有工具变量都有效”，当Sargan检验P值大于0.05，则表明工具变量都有效。

表4-10给出了转移支付规模对财政纵向失衡影响市场分割的调

节效应回归结果。列（1）~（4）的结果均显示，转移支付ln*transfer*，以及财政纵向失衡和转移支付的综合项ln*transfer**ln*VFI*的系数都显著为负，说明加大转移支付规模不仅降低了市场分割程度，而且弱化了财政纵向失衡对市场分割加剧的影响，由此支持了研究假设4-3-3。究其原因，转移支付通过向财政收入较低地区提供财政支持，有助于弥补受援地区本级财政收入与支出需求之间的非对称性缺口，增强这些地区提供基本公共服务的能力，减少因财政能力不足而采取地方保护主义的动机，减少地区间因财政资源不均而产生的市场隔离，从而在缓解财政纵向失衡的同时，也可以降低财政纵向失衡对市场分割的影响程度。

表4-10　**基于转移支付规模的调节效应分析结果**

变量	（1）	（2）	（3）	（4）
	ln*SEG*	ln*SEG*	ln*SEG*	ln*SEG*
l.lnSEG	0.1897***	0.2561***	0.2673***	0.2036***
	（5.3746）	（7.1490）	（7.4598）	（4.7981）
ln*transfer**ln*VFI*	-0.0100**	-0.0119***	-0.0102**	-0.0081*
	（-2.3890）	（-2.6763）	（-2.3013）	（-1.9531）
ln*VFI*	0.0361***	0.0251***	0.0232***	0.0289***
	（8.2905）	（5.4633）	（4.9221）	（5.6980）
ln*transfer*	-0.4598***	-0.2679***	-0.2441***	-0.2199***
	（-4.5523）	（-6.8939）	（-6.4087）	（-5.9650）
light		0.0959***	0.0632***	0.0471***
		（5.1783）	（3.9423）	（2.8299）
inter		-1.4717**	-0.9333	-0.3947
		（-2.2465）	（-1.6240）	（-0.6830）

续表

变量	(1)	(2)	(3)	(4)
	lnSEG	lnSEG	lnSEG	lnSEG
*mark*1		-0.1657*** (-2.6905)	-0.1796*** (-2.8048)	-0.0776 (-1.0341)
ln*op*			0.1455*** (3.5520)	0.1512*** (4.2903)
*mark*2				-0.0517*** (-2.9172)
常数项	4.3450*** (6.0964)	4.4576*** (6.3701)	4.5627*** (6.3749)	4.0348*** (5.8793)
观测值	480	480	480	480
地区固定效应	YES	YES	YES	YES
时间固定效应	YES	YES	YES	YES
AR（1）	0.000	0.000	0.000	0.000
AR（2）	0.065	0.110	0.223	0.105
Sargan	0.247	0.143	0.110	0.176

注：括号内的数值对于系统GMM模型为z统计量值，*、**、***分别代表10%、5%、1%的显著水平。AR（1）、AR（2）与Sargan检验输出结果为P值。

5

财税体制中的财政横向失衡与全国统一大市场建设：机制、效应研究

为了检验财政横向失衡对市场分割的影响，本章首先基于理论分析提出研究假设。其次，基于2003—2019年我国省级面板数据，构建双向固定效应模型，实证检验财政横向失衡对市场分割的影响效应。为确保研究结果的稳健性，使用最小二乘虚拟变量方法、双向固定效应+聚类稳健标准误回归方法、仅控制时间固定效应方法、改变控制变量度量方法以及系统广义矩估计的方法进行稳健性检验和内生性问题讨论。再次，从地理位置和经济增速两个方面，探析财政横向失衡对市场分割的地区异质性影响。接下来，阐释财政横向失衡通过地方政府竞争对市场分割影响的作用机制效应。最后，分析经济增长目标管理、审计监督强度和转移支付规模在财政横向失衡影响市场分割中的调节机制效应。

5.1 理论分析与研究假设

5.1.1 财政横向失衡与市场分割

受地理位置、资源配置以及资金和技术差异等因素的影响，我国各个地区在经济发展和产业结构上呈现出显著差异性（辛冲冲、陈志勇，2019），在财政上的一个主要表现就是各地财力资源分布的不均衡，出现地区间财政横向失衡。具体而言，在分税制财政体制下，地区间人均本级一般公共预算收入存在着差异，这不仅反映了地方政府在获取财政资源能力上的差异（郭玲等，2019），也揭示了税制结构和税收分配机制对地方财力的影响（万莹、陈恒，2023）。我国税制结构的特点是基于生产地原则划分地区间税收收入（吕冰洋等，2015），相对于消费地原则，生产地原则导致一些经济发达的省份，如北京、上海、广东的税收流入规模较大，而一些经济相对欠发达的省份，如河南、湖南的税收流失规模较大（倪红福等，2023）。此外，在以间接税为主的税制结构模式下，间接税易于转嫁的特性使得税收与税源背离成为常态（谷成、王乾，2023）。以增值税为例，增值税税收与税源背离呈现出税收收入由欠发达地区向发达地区转移的特征，显著扩大了地区间财力差距，并且“营改增”的全面推开进一步强化了这种倾向（万莹、陈恒，2023）。增值税、企业所得税、个人所得税三大税种的税收与税源背离也显著地扩大了地方财力差距（万莹、陈恒，2023），这不仅会激励消费地政府采取吸引企业投资的策略以确保税收收入，也使地方政府为保护税源而设置地区间贸易壁垒、实施不同的地方标准和行政审批程序，从而导致商品无法在区域间根据价格信号自由流动，不利于市场机制的正常运行，从而加剧了市场分割程度。由此，本书提出研究假设5-1。

H5-1：财政横向失衡会加剧市场分割程度。

5.1.2 财政横向失衡影响市场分割：作用机制维度

本书在第2章财政失衡通过地方政府竞争影响市场分割中系统分析了财政横向失衡通过税收“竞底”、财政支出“竞高”以及环境规制“竞低”三种地方政府竞争作用路径对市场分割影响的逻辑机理，在此基础上，从作用机制维度通过进一步分析给出研究假设。

1）税收“竞底”方面

财政横向失衡的要义在于地区间本级财政收入水平存在差距，反映中央转移前地区间财政资源规模的不均衡。财政横向失衡表现为地区本级财政收入水平较高和地区本级财政收入水平较低两种情形。在第一种情形下，地区的财政资源较为充裕，能够利用财政优势并通过各种税收优惠等手段吸引企业和资本投入，从而增强本地经济竞争力。然而，这种策略会加大地区间税收优惠方面的差异，进一步强化了财政资源充裕地区的优势，加深了资源匮乏地区的劣势（邓晰隆等，2018）。在第二种情形下，地区的财政资源较为匮乏，面临较大的财政压力，迫切需要通过提升税收收入来平衡预算收支，从而导致这些地区也会实施税收“竞底”策略以吸引外部投资和企业。由于这些地区在税收优惠等激励措施方面能力有限，在竞争中往往处于不利地位，因而会倾向于采取更加保守的策略，如设置地区间贸易壁垒、实施不同的地方标准和行政审批程序等以保护本地市场和税源。这些举措会在很大程度上妨碍市场机制的正常选择与加剧市场分割。从长三角区域看，由于存在消极的税收竞争，破坏了税收中性原则，不利于发挥市场对资源配置的决定性作用与生产要素的高质量自由流动，进而阻碍了市场一体化的发展（黄丙志、寿亦如，2021）。

2）财政支出“竞高”方面

在财政横向失衡的情形下，本级财政收入能力较强的地区能够扩大生产性支出规模以增强本地经济的吸引力和竞争力，以及提供更高水平的基本公共服务，从而创造良好的投资环境，吸引外来资本和人才（陈剩勇、陈晓玲，2014），导致这些地区在市场环境方面的优势更加明显。而本级财政收入能力较弱的地区也不得不增加财政支出以保持竞争力，这些地区由于财政压力较大，因而倾向于通过采取各种地方保护措施以维持本地市场，由此在市场准入和政策环境上形成壁垒，会进一步助推市场分割。我国20个重要城市的汽车价格监测数据表明，乘用车产业存在显著的市场分割现象，地区间财政支出竞争加剧了以地区间汽车价格差异衡量的市场分割程度（行伟波等，2023）。

3）环境规制“竞低”方面

在财政横向失衡的语境下，本级财政收入能力较强的地区通常拥有较大的自主决策空间和较强的环境治理能力，可以选择维持或加强现有的环境规制标准以保持一个健康和可持续的发展环境（陈强远等，2018）。然而，由于地区间环境规制存在显著的策略互动，即一个有竞争力的地区降低环境规制强度，本地区也会相应降低环境规制强度（张华，2016），因此面对周边地区环境规制标准的降低，为了避免资本和企业的外流，这些地区也面临着降低环境规制标准的压力。另外，由于降低环境规制水平的确能够吸引更多的FDI，因而出于辖区利益最大化的考虑，地方政府有动机降低环境规制水平（王孝松等，2015），特别是本级财政收入能力较弱的地区为了缓解更大的经济增长压力，会选择降低环境规制标准以吸引更多的投资，尤其是吸引那些寻求低成本运营环境的高污染企业。这种地区间环境政策博弈的"逐底竞争"虽然在短期内会带来经济利益和税收增长，但会导致放松环境规制地区的高污染产业的集中，造成产业布局不合理与不均衡，不仅会限制区域协调发展，而且会导致市场分割的进一步加剧。

基于以上三个维度的分析，本书提出研究假设5-2-1、假设5-2-2和假设5-2-3。

H5-2-1：财政横向失衡通过加剧税收"竟底"提高了市场分割水平。

H5-2-2：财政横向失衡通过加剧财政支出"竟高"提高了市场分割水平。

H5-2-3：财政横向失衡通过加剧环境规制"竟低"提高了市场分割水平。

5.1.3 财政横向失衡影响市场分割：调节机制维度

本书在第2章财政失衡影响市场分割的调节机制中系统阐述了经济增长目标管理、审计监督强度与转移支付对财政横向失衡影响市场分割进行调节的关系机理，在此基础上，从调节机制维度进一步分析，提出研究假设。

1）经济增长目标管理

在多级财政体制下，地方政府承担着辖区经济增长和辖区财政收支平衡的职责（刘滨，2023）。中央政府通过构建以地区生产总值增长率、工业增加值和财政收入增长率等为关键指标的绩效考核机制，使得地方政府与地区经济增长目标紧密联系（吕冰洋、陈怡心，2022）。为此，中央政府不仅为各地明确设定不同的预期经济增长目标，还会据此对优势资源进行差异化的地区分配（徐现祥、刘毓芸，2017），并且对那些已有强劲经济基础或高预期回报的地区给予更多的优势资源（冯曦明、张仁杰，2021）。这种经济增长目标管理决定了我国省际经济差距的变动态势（徐现祥、梁剑雄，2014），巩固了经济发达地区的领先地位，使其获得了超出其固有优势之外的额外支持，得以制定并执行更加优越、全面和高效的政策和激励，从而进一步增强其对投资的吸引力，助推其持续的经济繁荣。而持续的资源和政策偏好会形成一个自我强化的循环，使得资源优势地区保持并加强其领先地位，而那些处于不利地位的地区则更难以取得突破，最终表现为地区财力差距的不断扩大。这表明经济增长目标管理是一把既可以促进地方经济增长又会引致地方资源错配的双刃剑：一方面，它能激励地方政府和企业推动经济发展，从而促进地区经济增长；另一方面，它也可能导致资源配置不当，特别是在追求短期经济增长目标的过程中。随着对短期经济增长目标达成程度的强调加剧，地方政府和企业会过度投资于短期项目，忽视长期可持续发展和资源优化配置的重要性。这种趋势在一定程度上加剧了资本的错配问题，即资本投向了回报率较低或风险较高的项目，而非能够带来最大经济效益的领域（刘春济、高静2020）。此外，地方实现经济增长目标的主要方式是干预信贷资源配置、扩大土地出让和压低劳动力工资等，这些方式对要素市场具有显著的扭曲效应，并在中西部地区和保增长压力较大地区更为明显（赵新宇、郑国强，2020）。由此可见，经济增长目标管理加剧了财政横向失衡，进而对财政横向失衡影响市场分割产生调节作用。

2）审计监督强度

在财政横向失衡的情形下，相对于经济发达地区，欠发达地区往往在很大程度上存在法制不健全和市场化程度不足的问题（王树华、张军，2023），且这些地区政府预算的偏离度也更高。而强化审计监督不仅能纠正欠发达地区的预算偏差（王清，2023），还可以对预算支出进行严格监管（马海涛、姚东旻，2023），增加审计监督强度会显著提升欠发达地区的财政支出效率。增强审计监督的力度能够有效地矫正由于预算支出偏差带来的地方政府治理效率低下问题（谢柳芳等，2019）。进一步地，经济责任审计的强化不仅提升了地方政府的治理效率，而且这种提升在市场化和法治化水平较低的地区更加显著。这表明，相对于市场化程度和法治水平较高的地区，经济责任审计在促进较低市场化和法治化地区的政府治理效率方面，展现出了更强的效果。这一发现强调了审计监督在不同经济和法制背景下对提升政府治理效率的关键作用，尤其是在那些市场和法制机制尚不完善的地区（蔡春等，2020）。由此观之，加大审计监督强度可以使欠发达地区的财政支出安排更加合理、规范和有效，进而降低财政横向失衡程度，以及弱化财政横向失衡对市场分割的不利影响。

3）转移支付规模

转移支付的主要功能定位是实现地区间财力均等化和基本公共

服务均等化。在横向财政失衡的情况下，财力均等化转移支付资金分配以各地区标准化后的财政支出和财政收入之差为依据（郝春虹等，2022），转移支付缩小了各省域基本公共服务、基础设施通达程度和人民生活水平差距，推动了省域间的协调均衡发展（刘长庚、巫骥，2019）。由于转移支付使得本级财政收入水平较高地区的财政优势被相对削弱，而本级财政收入水平较低的地区获得额外的财政支持，因而有助于缩小地区间的财政差距（樊丽明、解垩，2023）。此外，转移支付能够通过推动人均财政支出均等化和规范地方政府支出行为促进区域协调发展，具体表现在：第一，一般性转移支付支持下的基建投资可以挤入更多当地居民消费、私人投资与政府投资，进而更为有效地提高欠发达地区的发展水平（张明源，2023）。第二，转移支付资金分配中的“扶弱”原则能够确保财力水平较低的地区获得更多的财政支持以改善其基础设施和提高公共服务水平（谢贞发，2019），“奖优”原则则能鼓励那些财力水平较高的地区持续改进其政策和治理（焦长权、王伟进，2023）。由此可见，扩大转移支付在缩小地区间的财政差异、促进公共服务的均等化和实现区域均衡发展方面都可以发挥积极的功效，从而有助于降低财政横向失衡程度，进而减少财政横向失衡对市场分割的影响。

基于以上三个角度的分析，本书提出研究假设5-3-1、假设5-3-2和假设5-3-3。

H5-3-1：经济增长目标管理会强化财政横向失衡对市场分割的影响。

H5-3-2：加强审计监督会弱化财政横向失衡对市场分割的影响。

H5-3-3：扩大转移支付规模会弱化财政横向失衡对市场分割的影响。

5.2 研究设计

5.2.1 模型构建

1）双向固定效应模型

为了实证分析财政横向失衡对市场分割的影响，本书借鉴胡晓东和高艳慧（2023）的研究，构建以财政横向失衡为解释变量的双向固定效应模型，具体形式如公式（5-1）所示。

$$\ln SEG_{it} = \beta_1 * HFI_{it} + \theta_1 * X_{it} + \delta_i + \rho_t + \varepsilon_{it} \tag{5-1}$$

式（5-1）中，$\ln SEG_{it}$表示地区i在t年度的市场分割水平；HFI_{it}表示地区i在t年度的财政横向失衡程度；X_{it}是可能对市场分割水平产生影响的其他控制变量；δ_i是地区固定效应；ρ_t是时间固定效应；ε_{it}是随机误差项。如果β_1显著为正，则研究假设5-1得证。

2）面板联立方程模型

为了考察财政横向失衡通过地方政府竞争影响市场分割的作用机制，本书借鉴张嘉紫煜等（2022）的研究，构建包括市场分割方程和地方政府竞争方程的联立方程模型，这一模型不仅能缓解内生性问题，而且还能分解出各变量间互相作用的具体影响渠道。市场分割方程在基准模型（5-1）基础上，加入地方政府竞争变量，具体包括税收“竞底”（*medi*1）、财政支出“竞高”（*medi*2）以及环境规制“竞低”（*medi*3）三个中介变量。地方政府竞争方程参考计金标和王何鸣（2022）的研究，加入市场化水平（*mark*）、失业率（*unem*）和税收征管强度（*te*）作为控制变量。同时，参考曾亚敏和张俊生（2009）以及刘行和杨松岩（2021）的方法，用各地区实际税收收入与预期税收收入之比来衡量税收征管强度。具体形式如公式（5-2）和（5-3）

所示。

$$\ln SEG_{it} = \beta_1 * HFI_{it} + \alpha medi_{it} + \theta_1 * X_{it} + \delta_i + \rho_t + \varepsilon_{it} \quad (5\text{-}2)$$

$$medi_{it} = \lambda_1 * HFI_{it} + \theta_1 * Z_{it} + \delta_i + \rho_t + \varepsilon_{it} \quad (5\text{-}3)$$

采用联立方程进行参数估计之前，需要先进行模型识别。面板联立方程模型（5-2）中的内生变量为市场分割（ln*SEG*）和地方政府竞争（*medi*），外生变量为财政横向失衡（*HFI*）及一系列控制变量。由于市场分割方程中存在3个并不出现在地方政府竞争方程中的外生解释变量，因此，市场分割方程可识别。同样地，地方政府竞争方程中也存在3个不出现在市场分割方程中的外生解释变量，因此地方政府竞争方程可识别。鉴于联立方程模型可能存在内生性问题带来的估计偏误，传统的OLS估计或2SLS不能满足联立方程组可识别性和各方程扰动项不相关的基本假设（刘明慧、章润兰，2021），对此，本书采用三阶段最小二乘法对式（5-2）和式（5-3）进行回归估计，并且回归时对所有变量都进行标准化处理。如果$medi_i$取值为*medi*1时，β_1、α和λ_1都显著为正，则研究假设5-2-1得证。如果$medi_i$取值为*medi*2时，β_1、α和λ_1都显著为正，则研究假设5-2-2得证。如果$medi_i$取值为*medi*3时，β_1、α和λ_1都显著为正，则研究假设5-2-3得证。

3）调节效应模型

为了检验经济增长目标管理在财政横向失衡影响市场分割中的调节效应，本书借鉴马红和侯贵生（2022）的研究，构建以经济增长目标管理为调节变量的调节效应分析模型，其中，gey_r_{it}表示省级政府i在t年的经济增长目标，$gey_r_{it} * HFI_{it}$表示财政横向失衡下经济增长目标介入的交互影响效果，其他变量定义方式如前文所述。在公式（5-4）中，如果γ显著为正，则研究假设5-3-1得证，模型的具体形式如下：

$$\ln SEG_{it} = \beta_1 * HFI_{it} + \alpha gey\_r_{it} + \gamma gey\_r_{it} * HFI_{it} + \theta_1 * X_{it} + \delta_i + \rho_t + \varepsilon_{it} \quad (5-4)$$

为了考察审计监督强度在财政横向失衡影响市场分割中的调节效应，本书借鉴黄溶冰和乌天玥（2016）的研究，构建以审计监督强度为调节变量的调节效应分析模型，其中，$augdp_{it}$表示省级政府i在t年的审计监督强度，$augdp_{it} * HFI_{it}$表示财政横向失衡下审计监督介入的交互影响效果，其他变量定义方式如前文所述。在公式（5-5）中，如果显著为正，则研究假设5-3-2得证，模型的具体形式如下：

$$\ln SEG_{it} = \beta_1 * HFI_{it} + \alpha augdp_{it} + \gamma augdp_{it} * HFI_{it} + \theta_1 * X_{it} + \delta_i + \rho_t + \varepsilon_{it} \quad (5-5)$$

为了检验转移支付规模在财政横向失衡影响市场分割上的调节效应，本书借鉴王宇昕等（2023）的研究，构建以转移支付规模为调节变量的调节效应分析模型，其中，$\ln transfer_{it}$表示省级政府i在t年的转移支付规模，$\ln transfer_{it} * HFI_{it}$表示财政横向失衡下转移支付规模介入的交互影响效果，其他变量定义方式如前文所述。在公式（5-6）中，如果γ显著为正，则研究假设5-3-3得证，模型的具体形式如下：

$$\ln SEG_{it} = \beta_1 * HFI_{it} + \alpha \ln transfer_{it} + \gamma \ln transfer_{it} * HFI_{it} + \theta_1 * X_{it} + \delta_i + \rho_t + \varepsilon_{it} \quad (5-6)$$

5.2.2 变量说明与数据来源

1）变量说明

被解释变量。本部分的被解释变量是市场分割程度，用第3章市场分割的测度部分得到的省级市场分割指标来衡量，并做取对数处理。

解释变量。本部分的解释变量是财政横向失衡程度，用第3章财政横向失衡的测度部分得到的省级财政横向失衡指标来衡量。

控制变量。本部分的控制变量包括：对外开放水平（ln*op*）、地区劳动生产率（ln*g*5）、市场规模（*gdp*2）、政府规模（*inter*）、城镇化水平（*urban*）和市场流通规模（ln*sell*）。其中，选择对外开放水平（ln*op*）和政府规模（*inter*）作为控制变量的原因已在第4章财政纵向失衡影响市场分割的实证分析部分中说明，故选取其他控制变量的说明如下：

（1）地区劳动生产率（ln*g*5）。本书参考刘强和李泽锦（2021）的研究，用国内生产总值与就业人口比值的对数衡量地区劳动生产率。地区劳动生产率的提高通常意味着当地经济效率和管理水平的提高（陆铭等，2023），可以提升产业竞争力，降低地区发展对保护性政策的依赖度。此外，提高劳动生产率会带来技术和管理上的进步，以及人才的流动和交流，推动制度的改革和创新。这两方面——一是经济效率与竞争力的提升，二是技术进步与制度环境的优化——均有助于减少地区间的行政壁垒与制度差异，从而降低市场分割水平。

（2）市场规模（*gdp*2）。本书参考刘瑞明（2012）的做法，通过将人口密度与人均地区生产总值相乘，即得每平方公里的经济产值，来量化各地区的市场规模。市场规模的扩大，一方面反映了地区市场需求的增长，在当地企业的生产能力未能完全满足市场需求的情况下，这将促进区域间贸易活动的增加（冯伟、卞家涛，2014），有助于减少市场分割的现象。另一方面也促使地区能够更易于实现规模经济，降低对外部市场的依赖性（黄赜琳、姚婷婷，2020），由此可能会提高市场分割水平。

（3）城镇化水平（*urban*）。本书参考钟晨和张晓朴（2017）的研究，以城镇人口占常住总人口的比重衡量城镇化水平。城镇化水平代表一个地区对外来农村人口的吸纳及包容能力。一方面，城镇化进程的推进会吸引更多企业和投资者进入，降低市场进入壁垒（文余源、王芝清，2023），从而减少市场分割。另一方面，快速城镇化会导致污染、资源过度消耗等一系列可持续性问题，从而影响市场的长期稳定性和一体化建设（余杰、钱振明，2023）。

（4）市场流通规模（ln*sell*）。本书参考吕冰洋和贺颖（2019）的研究，以亿元以上商品交易市场成交额总额占GDP比重的对数衡量市场流通规模。商品在地区间的流通主要发生在批发零售环节，地区内流通组织的规模会影响消费品的价格决定（张昊，2020）。一方面，市场流通规模的扩大会使跨区域商品、服务和资本的交流更加频繁，推动了市场的一体化，有利于降低市场分割水平。大规模的市场流通还会提高地区经济的规模效益和生产效率，通过高效的生产和交易促进市场的开放和竞争，进一步降低市场分割水平。另一方面，市场流通规模的扩大也会导致某些市场参与者（如大公司或垄断企业）过于强势，阻碍市场机制的有效运行（赵静梅等，2023），从而导致市场分割加剧。

表5-1报告了核心变量的描述性统计。

表5-1 **核心变量的描述性统计**

变量名称	观测值	均值	标准差	最小值	最大值
ln*SEG*	510	1.620	0.601	0.545	3.008
HFI	510	1.7397	1.5616	0.1333	13.4242
ln*op*	510	−1.703	0.989	−4.369	0.611
ln*g*5	510	1.696	0.710	−0.408	3.314
*gdp*2	510	1.727	1.718	0.039	10.767
inter	510	0.226	0.104	0.092	0.675
urban	510	0.533	0.146	0.257	0.896
ln*sell*	510	−2.407	0.797	−5.085	−0.627

2）数据来源

与第4章财政纵向失衡影响市场分割的实证分析中的数据来源部分相同，限于市场分割测算的数据年限，本书实证分析所使用的数据年限是2003—2019年。同样限于数据可得性，本部分实证分析剔除了西藏、香港、澳门和台湾。最终，本书实证分析所使用的是2003—2019年30个省（自治区、直辖市）的数据。整个研究期间涵盖17年的时间跨度，得到510个样本量（30个省份×17年），以期为本研究提供稳健的数据基础。

在财政横向失衡的数据来源方面，人均地方本级财政收入数据来自国家统计局网站提供的地方政府年度财政数据和人口数据。在控制变量的数据来源方面，对外开放水平（ln*op*）和政府规模（*inter*）的数据来源已经在第4章财政纵向失衡影响市场分割的实证分析中的数据来源部分做过说明。计算地区劳动生产率（ln*g*5）时，使用的国内生产总值与就业人口数据分别来源于《中国统计年鉴》和《中国人口和就业统计年鉴》。计算市场规模（*gdp*2）时，使用的人口密度数据来源于《中国人口和就业统计年鉴》，人均地区生产总值数据从国家统计局网站获取。计算城镇化水平（*urban*）时，使用的常住人口和城镇人口数据来源为国家统计局网站。计算市场流通规模（ln*sell*）时，使用的亿元以上商品交易市场成交额总额和GDP数据来源为国家统计局网站。

5.3 实证结果与分析

5.3.1 基准回归分析

表5-2报告了财政横向失衡对市场分割影响的基准回归结果。

表5-2列（1）中仅考虑核心解释变量对被解释变量的影响，并且控制了地区固定效应和时间固定效应。结果显示，解释变量*HFI*的估计系数为0.0484，且在5%的水平上显著，表明财政横向失衡对市场分割程度的加剧具有显著促进作用。列（2）~（5）中逐步加入各个控制变量，所有回归结果均显示财政横向失衡显著加剧了市场分割程度。列（5）的回归结果表明，财政横向失衡程度每增加1%，市场分割程度相应增加0.0441%。这说明地区财力差距增大，以及地方政府的各种策略性行为会导致地区间商品价格差异变大，从而导致以地区间价格差衡量的市场分割程度增大。由此验证了研究假设5-1。

表5-2 **基准回归结果**

变量	(1)	(2)	(3)	(4)	(5)
	ln*SEG*	ln*SEG*	ln*SEG*	ln*SEG*	ln*SEG*
HFI	0.0484** (2.3880)	0.0469** (2.3165)	0.0420** (2.0110)	0.0427** (2.0358)	0.0441** (2.0930)
ln*op*		0.1201* (1.7832)	0.1230* (1.8255)	0.1536** (2.2723)	0.1478** (2.1045)
ln*g*5		−0.2715** (−2.0860)	−0.3104** (−2.4044)	−0.3223** (−2.5055)	−0.3464** (−2.1329)
*gdp*2			0.0512* (1.9415)	0.0753** (2.4137)	0.0767** (2.4455)
inter				1.1254 (1.5240)	1.1463 (1.5197)
urban					0.2782 (0.2756)

续表

变量	(1)	(2)	(3)	(4)	(5)
	lnSEG	lnSEG	lnSEG	lnSEG	lnSEG
lnsell					-0.0023 (-0.0315)
常数项	1.5361*** (41.2905)	2.2035*** (7.9967)	2.1947*** (7.9919)	1.9693*** (6.0077)	1.8366*** (3.3578)
观测值	510	510	510	510	510
R-squared	0.651	0.656	0.659	0.661	0.662
地区固定效应	YES	YES	YES	YES	YES
时间固定效应	YES	YES	YES	YES	YES
r2_a	0.616	0.620	0.623	0.624	0.623
F	5.703	3.828	4.161	4.170	3.007

注：***、**和*分别代表在1%、5%和10%的水平上显著，括号内数值为对应变量估计系数的标准误。

从控制变量对市场分割水平的影响效应看，表5-2中的列（2）~（5）均显示对外开放水平对市场分割水平起到了显著的促进作用。可能的原因在于，对外贸易对国内贸易产生了挤出效应，地方政府则更倾向于实施地方保护主义行为，由此造成市场分割水平上升。列（2）~（5）均显示地区劳动生产率的提高会显著降低市场分割水平。究其原因，地区劳动生产率的提高使得地区经济效率和管理水平提高，由此会降低地区实施保护性政策的主动性，使得市场分割水平下降。列（3）~（5）均显示市场规模的扩大会显著提高市场分割水平。可能的原因在于，虽然地区市场规模的扩大有利于促使地区间贸易增长，从而降低市场分割程度；但市场规模扩大的影响更明显地体现在降低了本地市场对其他地区市场的依赖度，这促使地区更有动力推行地方保护政策，从而提高了市场分割水平。列（4）~（5）均显示政府规模对市场分割的影响系数虽然为正，但不显著，说明政府规模对市场分割没有影响。列（5）显示城镇化水平对市场分割的影响系数虽然为正，但不显著，说明城镇化水平对市场分割没有影响。列（5）还显示市场流通规模对市场分割的影响系数为负，但不显著，说明市场流通规模对市场分割没有影响。

5.3.2 稳健性检验及内生性问题讨论

上文通过实证分析证明了财政横向失衡会强化市场分割程度，但指标选取方式以及回归方法的不同可能会导致回归结果存在差异。为证明本书的实证结果相对稳健，采用最小二乘虚拟变量方法、双向固定效应+聚类稳健标准误回归方法、仅控制时间固定效应方法、改变控制变量度量方法和系统广义矩估计回归方法进行稳健性检验。由于内生性问题的存在也可能会对实证研究结论造成干扰，为此，本书采用系统广义矩估计法进行再检验以处理模型中的内生性问题。检验结果如表5-3所示。

表5-3　　**稳健性检验及内生性问题讨论的回归结果**

变量	(1)	(2)	(3)	(4)	(5)
	ln*SEG*	ln*SEG*	ln*SEG*	ln*SEG*	ln*SEG*
l.ln*SEG*					0.4391*** (11.6992)
HFI	0.0441** (2.1042)	0.0441** (2.1700)	0.0502*** (2.8691)	0.0430** (2.0808)	0.0370** (2.2699)

续表

变量	(1)	(2)	(3)	(4)	(5)
	lnSEG	lnSEG	lnSEG	lnSEG	lnSEG
ln*op*	0.1478 (1.3588)	0.1478 (1.4013)	0.1785*** (4.8458)	0.1072 (1.5534)	0.1013*** (3.1270)
ln*g*5	−0.3464** (−2.1147)	−0.3464** (−2.1809)	0.0420 (0.3730)	−0.5624*** (−3.1237)	−0.0761 (−0.6055)
*gdp*2	0.0767 (1.4128)	0.0767 (1.4571)	−0.0407** (−2.1356)	0.0795*** (2.7563)	−0.0164 (−1.0111)
inter	1.1463 (1.4667)	1.1463 (1.5126)	1.5462*** (5.4807)		0.9265*** (4.7445)
urban	0.2782 (0.3278)	0.2782 (0.3381)	−0.2311 (−0.4820)	−0.5005 (−0.4728)	0.0811 (0.1599)
ln*sell*	−0.0023 (−0.0243)	−0.0023 (−0.0251)	−0.0061 (−0.2123)	0.0176 (0.2347)	−0.0015 (−0.0578)
ln*exppo*				0.5457*** (2.6241)	
常数项	2.5251*** (4.0164)	2.2403*** (4.6987)	1.5962*** (7.2431)	−1.8937 (−1.1893)	0.6142** (2.5201)
观测值	510	510	510	510	480
R-squared	0.662	0.604	0.587	0.664	
地区固定效应	YES	YES	NO	YES	YES
时间固定效应	YES	YES	YES	YES	YES
AR（1）					0.000
AR（2）					0.825

续表

变量	(1)	(2)	(3)	(4)	(5)
	ln*SEG*	ln*SEG*	ln*SEG*	ln*SEG*	ln*SEG*
Sargan					0.178
r2_a	0.623	0.586	0.568	0.626	

注：***、**和*分别代表在1%、5%和10%的水平上显著，括号内数值为对应变量估计系数的标准误。

1）最小二乘虚拟变量方法分析

表5-3列（1）是最小二乘虚拟变量方法的回归结果。结果显示，解释变量*HFI*的估计系数为0.0441，且在5%的水平上显著，表明在采用最小二乘虚拟变量方法的情况下，财政横向失衡对市场分割程度加剧的结论仍然成立，验证了基准回归结果的稳健性。

2）双向固定效应+聚类稳健标准误方法分析

表5-3列（2）是双向固定效应+聚类稳健标准误的回归结果。结果显示，解释变量*HFI*的估计系数为0.0441，且在5%的水平上显著，表明在采用双向固定效应+聚类稳健标准误的回归方法下，财政横向失衡对市场分割程度加剧的结论仍然成立，验证了基准回归结果的稳健性。

3）仅控制时间固定效应方法分析

表5-3列（3）是仅控制时间固定效应的回归结果。结果显示，解释变量*HFI*的估计系数为0.0502，且在1%的水平上显著，表明在仅控制时间固定效应的情形下，仍支持财政横向失衡对市场分割程度影响加剧的结论。

4）改变控制变量度量方法分析

表5-3列（4）是改变控制变量度量方法的回归结果。参考前述财

政纵向失衡影响市场分割的实证分析章节中的稳健性检验部分，将原基准回归中的政府规模（*inter*）替换为地方财政人均一般公共预算支出（ln*exppo*）。结果显示，解释变量*HFI*的估计系数为0.0430，且在5%的水平上显著，表明以地方财政人均一般公共预算支出替换原政府规模指标后，仍支持财政横向失衡对市场分割程度影响加剧的结论。

5）系统广义矩估计回归方法分析

与第4章财政纵向失衡影响市场分割的实证分析部分相同，为了控制可能存在的遗漏变量偏误、反向因果关系、测量误差，以及未能充分考虑的市场分割的动态性等内生性问题，本书进行系统广义矩估计回归方法的再检验。表5-3列（5）是系统广义矩估计法（系统GMM）的回归结果。结果显示，解释变量*HFI*的估计系数为0.0370，且在5%的水平上显著，表明在采用系统广义矩估计回归方法下，财政横向失衡对市场分割程度加剧的结论仍然成立，验证了基准回归结果的稳健性。

5.3.3 异质性检验

为了检验横向失衡对市场分割影响的地区异质性效应，本书从地理位置和经济增速两个维度进行分析。不同的地理位置和经济增速是导致地区财政收入结构与地方政府策略倾向方面存在差异的重要因素，会进一步造成不同地区财政失衡程度的差别，进而使财政横向失衡对市场分割产生不同的影响。

在地理位置的地区异质性分析方面，本书第3章关于市场分割时序演变的分析结果表明，中部地区和东部地区存在一定的相似性，且与西部地区存在显著差异性。因此将中部地区和东部地区合并，按照中东部和西部两类地区的划分方式来考察财政横向失衡对市场分割的异质性影响。在经济增速的地区异质性分析方面，采用人均地区生产总值增长率作为衡量指标，将各地区按照其人均地区生产总值增长率的中位数进行划分，那些人均地区生产总值增长率超过中位数的地区被归类为经济增长较快的地区，相对地，那些人均地区生产总值增长率低于中位数的地区，则被认定为经济增长较慢的地区，并依此考察财政横向失衡对市场分割的异质性影响。

表5-4列示了分别按地理位置和经济增速分组回归的结果。首先，按地理位置划分的回归结果显示，西部地区解释变量*HFI*的估计系数为正，但不显著，中东部地区解释变量*HFI*的估计系数为0.0512，且在5%显著性水平上显著，表明财政横向失衡程度对西部地区的市场分割水平没有影响，但会显著提高中东部地区的市场分割水平。呈现这种差异化现象的原因在于，中东部地区经济更发达、市场结构更成熟，财政资源的微小差异会通过影响地方政府提供公共服务的能力和质量，进而显著影响市场的一体化程度。而西部地区，尽管财政能力较弱，但由于经济基础薄弱，市场结构不完善，财政横向失衡的影响被其他制约因素所掩盖，因此对市场分割的影响不显著。

表5-4　**异质性检验回归结果**

分组情况	按地理位置划分		按经济增速划分	
	西部	中东部	高增长率地区	低增长率地区
HFI	0.0446 (0.8886)	0.0512** (2.0860)	−0.0141 (−0.3693)	0.0588** (2.3220)
控制变量	YES	YES	YES	YES
地区固定效应	YES	YES	YES	YES
时间固定效应	YES	YES	YES	YES
常数项	−0.1215 (−0.0822)	1.1950 (1.6439)	1.3880 (0.7854)	2.1548*** (2.6828)
观测值	187	323	255	255

续表

分组情况	按地理位置划分		按经济增速划分	
	西部	中东部	高增长率地区	低增长率地区
R-squared	0.704	0.721	0.737	0.686
r2_a	0.639	0.681	0.672	0.609
F	2.569	1.253	3.604	1.313

注：***、**和*分别代表在1%、5%和10%的水平上显著，括号内数值为对应变量估计系数的标准误。

其次，按经济增速划分的回归结果显示，经济增长率较高地区解释变量*HFI*的估计系数为负，但不显著，而经济增长率较低地区解释变量*HFI*的估计系数为0.0588，且在5%水平上显著，表明财政横向失衡对经济增长率较高地区的市场分割水平没有影响，但会显著提高经济增长率较低地区的市场分割水平。究其原因，经济增长率较高地区对财政资源的需求通常更依赖当前项目建设的紧迫性，表征财力区域均衡程度的财政横向失衡对这些地区的市场分割影响较小。此外，中央政府通常会优先考虑对经济增长率较高地区进行投资以促进整体经济的快速发展，这种政策倾斜也有助于缓解财政横向失衡对经济增长率较高地区市场分割带来的不利影响。而经济增长率较低地区由于缺乏必要的基础设施投资而不能有效改善辖区市场环境和提高公共服务供给水平，由此加剧市场分割。

5.4 机制效应检验

5.4.1 基于地方政府竞争三个维度的作用机制效应分析

地方政府竞争体现在三个维度，分别是税收“竞底”、财政支出

“竞高”和环境规制“竞低”。税收“竞底”（*medi*1），用（相邻地区税收收入占地区生产总值比重/本地区税收收入占地区生产总值比重）×（全国税收收入占GDP比重/本地区税收收入占地区生产总值比重）的对数值衡量，财政支出“竞高”（*medi*2）用（本地区人均一般公共预算支出/相邻地区人均一般公共预算支出）×（本地区人均一般公共预算支出/全国人均一般公共预算支出占比）来衡量，环境规制“竞低”（*medi*3）用（相邻地区的污染治理额占比/本地区的污染治理额占比）×（全国平均污染治理额占比/本地区污染治理额占比）来度量。

表5-5给出了以地方政府竞争为作用机制变量的面板联立方程模型回归结果。其中：列（1）、（3）和（5）是市场分割方程的估计结果，*z_HFI*的估计系数都在5%及以下的水平显著为正，表明存在财政横向失衡正向影响市场分割这一直接作用机制。而且三个市场分割方程中*z_medi*1、*z_medi*2和*z_medi*3的估计系数也都在5%及以下的水平显著为正，表明存在税收“竞底”正向影响市场分割、财政支出“竞高”正向影响市场分割，以及环境规制“竞低”正向影响市场分割的三个作用渠道。表5-5中列（2）、（4）和（6）是地方政府竞争方程的估计结果，其中*z_HFI*的估计系数都在5%及以下的水平显著为正，表明存在财政横向失衡正向影响税收“竞底”、财政横向失衡正向影响财政支出“竞高”，以及财政横向失衡正向影响环境规制“竞低”的三个作用渠道。这一结论结合市场分割方程的估计结果，能够证明存在财政横向失衡通过加剧税收“竞底”进而加剧市场分割的作用机制，存在财政横向失衡通过加剧财政支出“竞高”进而加剧市场分割的作用机制以及存在财政横向失衡通过加剧环境规制“竞低”进而加剧市场分割的作用机制。故验证了研究假设5-2-1、假设5-2-2和假设5-2-3。

表 5-5 基于地方政府竞争的作用机制分析结果

变量	(1)	(2)	(3)	(4)	(5)	(6)
	*z*_ln*SEG*	*z*_*medi*1	*z*_ln*SEG*	*z*_*medi*2	*z*_ln*SEG*	*z*_*medi*3
*z*_*HFI*	0.1319*** (0.0498)	0.2334*** (0.0692)	0.1235** (0.0512)	0.1309*** (0.0410)	0.1170** (0.0510)	0.1714** (0.0672)
*z*_*medi*1	0.2805** (0.1185)					
*z*_*medi*2			0.5352** (0.2222)			
*z*_*medi*3					0.3553*** (0.0964)	
*z*_ln*op*	0.2115*** (0.0785)		0.3511*** (0.0591)		0.3036*** (0.0568)	
*z*_ln*g*5	0.0966 (0.1225)		0.2148 (0.1371)		0.0649 (0.1234)	
*z*_*gdp*2	−0.1019* (0.0557)		−0.0597 (0.0620)		−0.1372*** (0.0489)	
*z*_*inter*	0.2009*** (0.0689)		−0.1392 (0.1964)		0.2113*** (0.0553)	

续表

变量	(1)	(2)	(3)	(4)	(5)	(6)
	z_lnSEG	z_medi1	z_lnSEG	z_medi2	z_lnSEG	z_medi3
z_urban	−0.1460 (0.1020)		−0.1731 (0.1086)		−0.0701 (0.1005)	
z_lnsell	0.0548 (0.0411)		0.0425 (0.0362)		0.0113 (0.0364)	
z_mark		−0.0345 (0.0565)	0.0298 (1.3172)	−0.8006*** (0.0335)		−0.2714*** (0.0548)
z_unem		0.0540 (0.0474)	0.2543 (0.3237)	0.0897*** (0.0281)		−0.0014 (0.0449)
z_te		0.2248*** (0.0502)		0.1681*** (0.0300)		0.0931* (0.0477)
常数项	1.5517*** (0.2403)	−0.2102 (0.2892)	1.3800*** (0.2431)	−0.7135*** (0.1717)	1.1704*** (0.2612)	0.5788** (0.2818)
观测值	510	510	510	510	510	510
R-squared	0.5791	0.1327	0.5977	0.6961	0.5172	0.1830
地区固定效应	YES	YES	YES	YES	YES	YES
时间固定效应	YES	YES	YES	YES	YES	YES

注：***、**和*分别代表在 1%、5%和 10%的水平上显著，括号内数值为对应变量估计系数的标准误。

5.4.2 基于三个面向的调节机制效应检验

1）经济增长目标管理的调节机制效应

为了检验经济增长目标管理在财政横向失衡影响市场分割中的调节效应，参考第4章财政纵向失衡影响市场分割的实证分析部分，本章引入经济增长目标管理（*gey_r*）调节变量，其对财政横向失衡影响市场分割调节的回归结果如表5-6所示。从表5-6的列（1）~（6）看，经济增长目标管理*gey_r*，以及财政横向失衡和经济增长目标管理的综合项*gey_r*HFI*的系数都在1%的水平上显著为正，说明经济增长目标管理不仅加剧了市场分割程度，而且强化了财政横向失衡加剧市场分割的影响，由此验证了研究假设5-3-1。可能的原因在于，发达地区的现代经济体系比较健全，其经济总量不断扩大主要源自技术进步和要素积累，是拉动国家经济增长的主力。与欠发达地区相比，发达地区在经济增长目标管理中会运用多元和有力的优惠政策，从而在促进经济增长中增加自身财力，同时也会进一步拉大与欠发达地区间的财力差距，造成横向财政失衡程度加大，进而加剧市场分割程度。

2）审计监督强度的调节机制效应

为了分析审计监督强度在财政横向失衡影响市场分割中的调节效应，参考第4章财政纵向失衡影响市场分割的实证分析部分，引入审计监督强度（*augdp*）调节变量，其对财政横向失衡影响市场分割调节的回归结果如表5-7所示。由表5-7中列（1）~（6）可知，审计监督强度*augdp*，以及财政横向失衡和审计监督强度的综合项*augdp*HFI*的系数都在1%的水平上显著为负，说明审计监督强度不仅降低了市场分割程度，而且弱化了财政横向失衡加剧市场分割的

表 5-6　**基于经济增长目标管理的调节效应分析结果**

变量	(1)	(2)	(3)	(4)	(5)	(6)
	lnSEG	lnSEG	lnSEG	lnSEG	lnSEG	lnSEG
*gey_r*HFI*	0.0207*** (7.6599)	0.0202*** (7.5695)	0.0198*** (7.7083)	0.0186*** (7.2907)	0.0186*** (7.2672)	0.0187*** (7.3493)
HFI	0.0750*** (11.4278)	0.0722*** (10.7917)	0.0672*** (10.0479)	0.0645*** (9.7157)	0.0646*** (9.8117)	0.0650*** (9.9410)
gey_r	0.0519*** (3.3388)	0.0513*** (3.2723)	0.0501*** (3.3165)	0.0512*** (3.5119)	0.0517*** (3.5283)	0.0520*** (3.5670)
ln*op*		0.0492* (1.9529)	0.1072*** (4.0104)	0.1460*** (5.5717)	0.1572*** (5.0891)	0.1500*** (4.7821)
ln*g*5		-0.0285 (-0.4842)	-0.0255 (-0.4410)	-0.0501 (-0.8817)	0.0109 (0.1019)	0.0098 (0.0921)
*gdp*2			-0.0819*** (-5.3152)	-0.0439** (-2.5369)	-0.0471*** (-2.6641)	-0.0489*** (-2.8300)
inter				1.1343*** (4.8590)	1.1445*** (4.8544)	1.2324*** (5.0529)

续表

变量	（1）	（2）	（3）	（4）	（5）	（6）
	lnSEG	lnSEG	lnSEG	lnSEG	lnSEG	lnSEG
urban					-0.2852 （-0.6751）	-0.3201 （-0.7604）
ln*sell*						0.0424 （1.6013）
常数项	0.9623*** （6.6071）	1.1068*** （5.5507）	1.3645*** （6.8826）	1.1446*** （5.8342）	1.2108*** （5.8120）	1.2994*** （6.1704）
观测值	510	510	510	510	510	510
R-squared	0.642	0.646	0.672	0.685	0.686	0.688
地区固定效应	YES	YES	YES	YES	YES	YES
时间固定效应	YES	YES	YES	YES	YES	YES
r2_a	0.605	0.607	0.635	0.650	0.649	0.651
F	65.07	42.55	40.94	43.74	38.82	35.66

注：***、**和*分别代表在 1%、5% 和 10% 的水平上显著，括号内数值为对应变量估计系数的标准误。

表 5-7 **基于审计监督强度的调节效应分析结果**

变量	(1)	(2)	(3)	(4)	(5)	(6)
	lnSEG	lnSEG	lnSEG	lnSEG	lnSEG	lnSEG
*augdp*HFI*	-0.0656***	-0.0655***	-0.0607***	-0.0548***	-0.0550***	-0.0547***
	(-11.8137)	(-11.7148)	(-10.8598)	(-9.3040)	(-9.3305)	(-9.2070)
HFI	0.0905***	0.0886***	0.0830***	0.0794***	0.0794***	0.0797***
	(14.5870)	(13.7465)	(12.8701)	(12.2331)	(12.2828)	(12.3420)
augdp	-0.1043***	-0.0904**	-0.1326***	-0.1686***	-0.1672***	-0.1694***
	(-2.6833)	(-2.2884)	(-3.2925)	(-4.3822)	(-4.2731)	(-4.2936)
ln*op*		0.0413*	0.0982***	0.1377***	0.1449***	0.1396***
		(1.6602)	(3.7284)	(5.3550)	(4.7444)	(4.5057)
ln*g*5		-0.0414	-0.0373	-0.0616	-0.0222	-0.0235
		(-0.7256)	(-0.6683)	(-1.1288)	(-0.2091)	(-0.2226)
*gdp*2			-0.0840***	-0.0455***	-0.0476***	-0.0489***
			(-5.3662)	(-2.6205)	(-2.6803)	(-2.8043)
inter				1.1926***	1.1978***	1.2712***
				(5.0807)	(5.0634)	(5.1856)

续表

变量	(1)	(2)	(3)	(4)	(5)	(6)
	lnSEG	lnSEG	lnSEG	lnSEG	lnSEG	lnSEG
urban					-0.1845 (-0.4458)	-0.2109 (-0.5100)
lnsell						0.0328 (1.2523)
常数项	1.4483*** (56.4672)	1.5900*** (12.1218)	1.8470*** (13.1810)	1.6344*** (11.2957)	1.6799*** (9.7938)	1.7512*** (9.7681)
观测值	510	510	510	510	510	510
R-squared	0.651	0.653	0.681	0.695	0.695	0.697
地区固定效应	YES	YES	YES	YES	YES	YES
时间固定效应	YES	YES	YES	YES	YES	YES
r2_a	0.615	0.616	0.645	0.660	0.660	0.661
F	99.18	59.20	51.57	50.22	44.03	39.94

注：***、**和*分别代表在1%、5%和10%的水平上显著，括号内数值为对应变量估计系数的标准误。

影响，故验证了研究假设5-3-2。究其原因，与发达地区相比，欠发达地区的法治化水平和市场化程度相对较低，地方政府预算偏差程度较大，因而加强审计监督强度对欠发达地区的财政行为会产生更大的纠偏效果。与预算收入相比，审计监督更侧重于对预算支出进行监督，因此，审计监督强度的提高会使欠发达地区的财政支出效率显著提高，欠发达地区支出端的优化能够有效降低其收入端的压力，地区间财政横向失衡程度由此下降，最终有助于市场分割程度的下降。

3）转移支付规模的调节机制效应

为了检验转移支付规模在财政纵向失衡影响市场分割中的调节效应，参考第4章财政纵向失衡影响市场分割的实证分析部分，本章引入转移支付规模ln*transfer*作为调节变量，并使用系统GMM方法进行回归分析。表5-8中给出了转移支付规模对财政横向失衡影响市场分割的调节效应回归结果。列（1）~（4）的结果均显示，转移支付规模ln*transfer*，以及财政横向失衡和转移支付的综合项ln*transfer***HFI*的系数都在10%及以下的水平上显著为负，说明转移支付不仅降低了市场分割程度，而且弱化了财政横向失衡加剧市场分割的影响，由此验证了研究假设5-3-3。究其原因，转移支付作为一种政府间财政关系的调节机制，通过向财力较弱的地区提供资金支持，有助于平衡地区间本级财政收入水平差异（李永友、沈玉平，2009），提高财政能力较弱地区的收入水平（陈昶旭，2021），降低财政横向失衡的程度，进而可以减小财政横向失衡加剧市场分割的影响效应，加快市场一体化进程。

表 5-8　　　　基于转移支付规模的调节效应分析结果

变量	(1)	(2)	(3)	(4)
	ln*SEG*	ln*SEG*	ln*SEG*	ln*SEG*
l.ln*SEG*	0.3490***	0.3596***	0.2948***	0.2801***
	(9.7727)	(9.8058)	(7.6589)	(7.1742)
ln*transfer***HFI*	-0.0391*	-0.0411*	-0.0412*	-0.0413*
	(-1.6651)	(-1.7458)	(-1.8262)	(-1.8145)
HFI	0.0690***	0.0677***	0.0631***	0.0599***
	(3.8460)	(3.7628)	(3.6496)	(3.4529)
ln*transfer*	-0.1429***	-0.1511***	-0.0675*	-0.0839*
	(-3.5911)	(-3.7460)	(-1.6637)	(-1.8356)
inter		0.4466	1.3429***	1.5117***
		(1.3098)	(2.8378)	(3.0590)
ln*op*			0.2530***	0.1979***
			(4.8666)	(2.9769)
ln*g*5			-0.1127	-0.3239**
			(-1.4189)	(-2.1383)
*gdp*2			-0.0908***	-0.0620*
			(-3.0584)	(-1.6970)
urban				1.0833
				(1.6271)
ln*sell*				0.0030
				(0.0533)
常数项	2.1028***	2.0590***	2.1004***	1.7813***
	(6.0780)	(5.9147)	(7.3918)	(4.8541)

续表

变量	(1)	(2)	(3)	(4)
	lnSEG	lnSEG	lnSEG	lnSEG
观测值	480	480	480	480
地区固定效应	YES	YES	YES	YES
时间固定效应	YES	YES	YES	YES
AR（1）	0.000	0.000	0.000	0.000
AR（2）	0.053	0.061	0.053	0.066
Sargan	0.073	0.126	0.244	0.299

注：括号内的数值对于系统GMM模型为z统计量值，*、**、***分别代表10%、5%、1%的显著水平。AR（1）、AR（2）与Sargan检验输出结果为P值。

6

财税体制中的财政纵向失衡和财政横向失衡对市场分割交互影响的实证分析

本章参考黄华峰（2015）的实证分析逻辑，在第4章财政纵向失衡对市场分割的影响与第5章财政横向失衡对市场分割的影响进行实证分析的基础上，进一步探析财政纵向失衡和财政横向失衡对市场分割的交互影响，以期拓展研究的广度。财政纵向失衡和财政横向失衡对市场分割的交互影响不仅体现在财政纵向失衡会通过提高财政横向失衡而加剧市场分割水平，而且也反映在财政纵向失衡会强化“财政横向失衡对市场分割的影响”方面，还包括财政横向失衡是财政纵向失衡影响市场分割的一个门槛变量。本章基于2003—2019年中国省级面板数据，采用中介效应模型、有调节的中介效应模型和动态面板门槛效应模型，检验财政纵向失衡如何通过财政横向失衡影响市场分割的效应，财政纵向失衡在财政横向失衡影响市场分割中的调节效应，以及财政横向失衡在财政纵向失衡影响市场分割上的门槛效应。并对研究结果进行稳健性检验，以验证研究结论的可靠性。

6.1 理论分析与研究假设

6.1.1 财政纵向失衡通过财政横向失衡影响市场分割

财政纵向失衡不仅对市场分割会产生直接影响，而且可以通过影响财政横向失衡对市场分割产生影响。为了揭示财政纵向失衡通过财政横向失衡影响市场分割的逻辑关系，需要分析财政纵向失衡如何对财政横向失衡产生影响，以及财政横向失衡如何对市场分割形成影响。鉴于本书已在第2章财政失衡影响市场分割的理论分析部分阐释了财政横向失衡如何通过地方政府竞争影响市场分割的机理，因而在此阐述财政纵向失衡如何对财政横向失衡产生影响。

地区间经济发展的不均衡性是解释财政纵向失衡加剧财政横向失

衡的一个重要视角。首先，财政纵向失衡状况下，地方政府在有限的财政资源与日益增加的公共需求之间的平衡挑战尤为显著。财政纵向失衡对基本公共服务供给存在负向直接影响（郭威、李泽浩，2024）。特别是在经济欠发达地区，财政自给能力不足，投资于教育、医疗和基础设施等关键领域的能力受限，进一步抑制了这些地区的经济增长潜力和居民生活质量的提升。这种情况下，财政纵向失衡不仅直接影响了地区经济发展的平衡，而且还间接通过影响公共服务的质量和覆盖范围（胡玉杰等，2023），加剧了地区间的经济发展不均衡。其次，财政纵向失衡还限制了地方政府在经济创新与产业升级方面的能力（刘亮亮、贺俊，2022）。面对财政收支不平衡的压力，地方政府缺乏足够资金支持科技创新和产业转型，这在一定程度上阻碍了地区经济多元化发展和竞争力的提升，尤其对经济基础薄弱、亟须转型升级的地区影响尤为深远。最后，地区间经济发展的不均衡性进一步加剧了财政横向失衡的程度（李升、宁超，2017）。特别在转移支付机制未能充分发挥财力均等化作用时，财政横向失衡现象进一步加重。由此，本书提出研究假设6-1。

H6-1：财政纵向失衡通过影响财政横向失衡加剧市场分割程度。

6.1.2 财政纵向失衡调节财政横向失衡对市场分割的影响

在我国特定的财政体制背景下，财政纵向失衡不仅体现为地方政府本级财政收入与支出责任之间的不均衡，而且会影响地方政府的资源获取能力和策略选择，进而调节财政横向失衡对市场分割的影响效应。一般来说，与较低程度的财政纵向失衡相比，较高程度的财政纵向失衡会更加放大财政横向失衡对市场分割的影响。财政纵向失衡的存在创造了一个地方政府对财政资源变动极为敏感的环境（郭平等，2022），尤其是在其本级财政收入远不能满足其支出责任的情况下。

这种敏感性促使地方政府采取保守或防御性的策略，如通过增加地方税收或设立非税收入渠道来增加财政收入，以及采取限制措施来保护本地经济利益，减少财政资源的流失，并确保财政收入的稳定性。在较大的财政纵向失衡背景下，地方政府面临的资源分配压力及来自其他地区财政资源获取能力的差异性压力加剧（周婷婷、马芳，2021），导致地方政府在财政资源分配上产生了一种自我强化现象。这些策略选择的根本动因在于地方政府通过各种手段最大化地保障和增加地方财政收入，以更好地履行支出责任和保持地方经济的稳定增长。

在财政纵向失衡程度较高的情况下，地方政府对财政资源获取的敏感性加剧，倾向于采取更极端的策略来保护自身财政利益和经济发展空间，如限制跨区域经济活动，从而进一步加深市场分割。这些措施虽然短期内有助于地方政府应对财政压力（刘尚希，2024），但从长期看，却加剧了财政资源的不均衡配置，进一步加深了地区间的经济隔离和市场分割，影响了市场运作的整体效率和一体化进程。相反，在较低的财政纵向失衡程度下，地方政府拥有较为充裕的本级财政收入来源，能较好地满足其支出责任，对财政资源变动的敏感性较低，进而对市场分割的影响程度也较小。这表明财政纵向失衡的程度在财政横向失衡对市场分割影响中起着至关重要的调节作用。由此，本书提出研究假设6-2。

H6-2：财政纵向失衡会强化财政横向失衡对市场分割的影响。

6.1.3 财政横向失衡调节财政纵向失衡对市场分割的影响

财政横向失衡是财政纵向失衡影响市场分割的一个影响因素，财政横向失衡程度的不同会产生不同的调节作用。在财政横向失衡程度较低时，地方政府间财政资源的相对均衡促进了政策的一致性与协调性，地方政府更倾向于采纳开放及合作性策略，促进资源跨区域流动（吕炜、邵娇，2020）。此外，财政横向失衡程度较低时，地方政府之间的财政资源配置较为均衡，可以建立较高的互信，有利于跨区域合作的发展，从而有助于缓解市场分割。随着财政横向失衡程度的提升，地方政府受到的财政资源匮乏压力会不断加剧，倾向于采取保护本地经济和财政利益的措施（苗庆红、钟明熹，2023），如设立贸易壁垒，导致政策制定上的显著差异化，从而强化财政纵向失衡对市场分割的影响，而且财政横向失衡的加剧不仅深化了地方政府间财政资源的不均衡分配，也增加了不信任和竞争，削弱了跨区域合作的可能性（李智超、谭西涵，2021），使得财政纵向失衡对市场分割的负面影响通过限制资源流动和信息交流的渠道被放大，从而加剧市场分割。由此，本书提出研究假设6-3。

H6-3：财政横向失衡在财政纵向失衡影响市场分割方面存在门槛效应。

6.2 研究设计

6.2.1 模型构建

1）中介效应模型构建及其内生性问题处理

为了验证研究假设6-1，也就是检验财政横向失衡作为财政纵向失衡影响市场分割的中介变量效应，本书借鉴温忠麟和叶宝娟（2014）的机制检验法，构建中介效应检验模型，通过偏差校正的非参数百分位Bootstrap法检验中介效应设定三个回归方程，分别如下：

$$\ln SEG_{it} = c*\ln VFI_{it} + \theta_1 * X_{it} + \delta_i + \rho_t + \varepsilon_{it} \tag{6-1}$$

$$HFI_{it} = a*\ln VFI_{it} + \theta_1 * X_{it} + \delta_i + \rho_t + \varepsilon_{it} \tag{6-2}$$

$$\ln SEG_{it} = c'^{*}\ln VFI_{it} + b^{*}HFI_{it} + \theta_1{}^{*}X_{it} + \delta_i + \rho_t + \varepsilon_{it} \tag{6-3}$$

其中，$\ln SEG_{it}$表示地区i在t年度的市场分割水平；$\ln VFI_{it}$表示地区i在t年度的财政纵向失衡程度；HFI_{it}表示地区i在t年度的财政横向失衡程度；X_{it}是可能对市场分割水平产生影响的其他控制变量；δ_i是地区固定效应；ρ_t代表时间固定效应；e_{it}是随机误差项。Bootstrap方法通过对原始数据集进行多次有放回抽样，生成多个样本，以此构建一个用于统计推断的数据基准。这种方法的优势在于它提高了检验的统计功效。具体到中介效应的分析，本研究运用了偏差校正的非参数百分位Bootstrap方法。此技术不预设数据的分布形态，而是通过引入偏差校正机制，增强了对中介效应大小和显著性的估计精度。如果a、b、c和c'都显著为正，则研究假设6-1得证。

借鉴江艇（2022）的研究，进一步进行中介效应分析时一定要正确处理中介变量的内生性问题，考虑本部分的中介效应分析很可能存在同时性偏差，即存在财政横向失衡影响财政纵向失衡的双向因果关系，对此，本书参考程茂勇和边启章（2023）的处理方法，因为过去的财政纵向失衡不太可能受到当前财政横向失衡的直接影响，所以对解释变量进行滞后1期处理以减少这类内生性问题，并使用偏差校正的非参数百分位Bootstrap法检验财政横向失衡对财政纵向失衡影响市场分割的中介效应。

2）有调节的中介效应模型构建

为了验证研究假设6-2，也就是检验财政纵向失衡在以财政横向失衡为中介变量影响市场分割的同时，也会作为一个调节变量，对财政横向失衡影响市场分割产生调节作用，即财政纵向失衡程度还会影响财政横向失衡对市场分割的影响程度。这被称为有调节的中介效应（Moderated Mediation）（Preacher et al.，2007），即调节变量的取值大小影响中介变量的效应变化幅度，对此，可以构建“解释变量同时也是中介变量与被解释变量之间的调节变量”的模型来进行分析。具体模型构建如下：

$$HFI_{it} = \alpha_1 * \ln VFI_{it} + \theta_1 * X_{it} + \delta_i + \rho_t + \varepsilon_{it} \tag{6-4}$$

$$\ln SEG_{it} = \beta_1 * HFI_{it} + \beta_2 * \ln VFI_{it} + \beta_3 * HFI_{it} * \ln VFI_{it} + \theta_1 * X_{it} + \delta_i + \rho_t + \varepsilon_{it} \tag{6-5}$$

$$\text{有调节的中介效应} = \alpha_1 (\beta_1 + \beta_3 \ln VFI_{it}) \tag{6-6}$$

参照Edward和Lambert（2007）的研究，本书采用中介效应差异法（Mediation Effect Difference Method）来检验存在调节作用的中介效应模型。该方法的核心在于评估调节变量在不同取值下中介效应的差异性及其显著性，以此揭示调节变量对中介效应的影响深度与方向。首先，定义调节变量的操作取值范围。具体地，取调节变量均值上下一个标准差（Standard Deviation，SD）的值，以此划分不同的组别，形成均值、均值加一个标准差，以及均值减一个标准差三个明确的分析维度。在此基础上，对自变量对中介变量的效应、中介变量对因变量的效应和自变量对因变量的直接效应及间接效应（即中介效应）进行估计与比较。具体地，若在所有分组中，直接效应与中介效应均不显著，则可以推断调节变量对这些效应没有显著的调节作用，即不存在调节效应。当不同组别中直接效应或中介效应的显著性存在差异时，表明调节效应显著。若某些组别显示出显著的直接或中介效应，而其他组别效应不显著，则说明调节变量的取值对效应的存在与否有显著影响。若所有组别的直接效应与中介效应均显著，但效应方向（即系数符号）不一致，则进一步证实了调节效应的显著性。在所有组别的效应均显著且方向一致的情况下，需通过计算效应系数的差异率，并采用t检验来评估这些差异的统计显著性。差异显著性的确定进一步强化了调节效应的存在。如果β_3显著为正，则研究假设6-2得证。

3）动态面板门槛效应模型构建

为了验证研究假设6-3，分析财政纵向失衡对市场分割存在的非线性影响，本书构建动态面板门槛模型。门槛模型通过数据模拟找到数据阈值并对其进行统计检验，有助于克服分组回归和交叉模型中对阈值选择的主观性问题，但这一模型要求变量严格外生并且只是静态分析。而动态面板门槛模型考虑了被解释变量的滞后项，并采用广义矩估计方法，从而能更有效地解决因变量内生性可能导致的估计偏误问题。为此，本部分运用动态面板门槛模型，以财政横向失衡作为模型的门槛变量，考察财政纵向失衡对市场分割门槛效应。动态面板门槛模型见式（6-7）和式（6-8）。

$$\ln SEG_{it} = \beta_0 \ln SEG_{it-1} + \beta_1 \ln VFI_{it-1} + \theta_1 {*} X_{it-1} + \lambda_1 \ln VFI_{it-1} {*} I(HFI_{it-1} \leqslant threshold) + \lambda_2 \ln VFI_{it-1} {*} I(HFI_{it-1} > threshold) + \delta_i + \rho_t + \varepsilon_{it} \quad (6\text{-}7)$$

$$\ln SEG_{it} = \beta_0 \ln SEG_{it-1} + \beta_1 \ln VFI_{it-1} + \theta_1 {*} X_{it-1} + \lambda_1 \ln VFI_{it-1} {*} I(HFI_{it-1} \leqslant threshold1) + \lambda_2 \ln VFI_{it-1} {*} I(threshold1 < HFI_{it-1} \leqslant threshold2) + \lambda_3 \ln VFI_{it-1} {*} I(HFI_{it-1} > threshold2) + \delta_i + \rho_t + \varepsilon_{it} \quad (6\text{-}8)$$

模型（6-7）为单一门槛模型，模型（6-8）为双门槛模型。I（*）是示性函数，当括号中的条件成立时取值为1，否则取值为0。单一门槛模型中，如果λ_1显著且为正，这意味着一旦财政横向失衡超过特定的门槛值（*threshold*），财政纵向失衡对市场分割的正向影响变得更为强烈，如果显著且为负，则表明超过该门槛值后，财政纵向失衡对市场分割的影响减弱。双门槛模型中，λ_2描述的是当财政横向失衡低于第一个门槛值（*threshold*1）时，财政纵向失衡对市场分割的影响。如果λ_2显著且为正，表明在这个较低的横向失衡水平下，财政纵向失衡对市场分割的正向影响增强，如果λ_2显著且为负，则表示财政纵向失衡对市场分割的正向影响减弱。λ_3表示当财政横向失衡超过第二个门槛值（*threshold*2）时，财政纵向失衡对市场分割的影响。如果λ_3显著且为正，则表示财政横向失衡在这个更高水平上进一步强化了财政纵向失衡对市场分割的正向影响。如果 λ_3 显著且为负，则表明在超过第二个门槛值时，财政纵向失衡对市场分割的正向影响减弱。对于单一门槛模型，如果 λ_1 显著为正，则研究假设6-3得证。对于双门槛模型，如果 λ_2 和 λ_3 都显著为正，则研究假设6-3也得证。

6.2.2 变量说明与数据来源

1）变量说明

（1）被解释变量。本部分的被解释变量是市场分割程度，用第3章市场分割的测度部分得到的省级市场分割指标来衡量。

（2）解释变量和调节变量。解释变量和调节变量是财政纵向失衡程度，用第3章财政纵向失衡的测度部分得到的省级财政纵向失衡指标来衡量。

（3）中介变量和门槛变量。中介变量和门槛变量是财政横向失衡程度，用第3章财政横向失衡的测度部分得到的省级财政横向失衡指标来衡量。

（4）控制变量。参照曾燕妮（2021）的研究，为了对财政失衡影响市场分割的研究构建一个更为全面和综合的分析框架，确保研究的连贯性和深度，将前述第4章和第5章中的控制变量综合应用到本章。控制变量包括：对外开放水平（ln*op*）、经济发展水平（*light*）、政府规模（*inter*）、政府与市场关系（*mark*1）、非国有经济发展水平（*mark*2）、地区劳动生产率（ln*g*5）、市场规模（*gdp*2）、城镇化（*urban*）、市场流通规模（ln*sell*）。其中ln*op*、*light*、*inter*、*mark*1、*mark*2的变量说明见第4章财政纵向失衡影响市场分割的实证分析部分，ln*g*5、*gdp*2、*urban*、ln*sell*的变量说明见第5章财政横向失衡影响市场分割的实证分析部分。

表6-1报告了核心变量的描述性统计结果。

表6-1 **核心变量的描述性统计**

变量名称	观测值	均值	标准差	最小值	最大值
ln*SEG*	510	1.623	0.619	0.303	3.847
ln*VFI*	510	−0.441	0.374	−1.903	−0.064
HFI	510	1.7397	1.5616	0.1333	13.4242
ln*op*	510	−1.703	0.989	−4.369	0.611
light	510	0.916	1.942	0.005	16.749
inter	510	0.227	0.107	0.084	0.758
*mark*1	510	7.285	1.802	0.841	12.152
*mark*2	510	8.635	2.515	1.338	12.73
ln*g*5	510	1.696	0.710	−0.408	3.314
*gdp*2	510	1.727	1.718	0.039	10.767
urban	510	0.533	0.146	0.257	0.896
ln*sell*	510	−2.407	0.797	−5.085	−0.627

2）数据来源

与第4章财政纵向失衡影响市场分割的实证分析，以及第5章财政横向失衡影响市场分割的实证分析中的数据来源部分相同，限于市场分割测算的数据年限，本书实证分析所使用的数据年限是2003—2019年。同样限于数据可得性，本部分实证分析剔除了西藏、香港、澳门和台湾。最终，本书实证分析所使用的是2003—2019年30个省（自治区、直辖市）的数据。整个研究期间涵盖17年的时间跨度，得到510个样本量（30个省份×17年），以期为本研究提供稳健的数据基础。

财政纵向失衡的数据来源见第4章财政纵向失衡影响市场分割的

实证分析中的数据来源部分。财政横向失衡的数据来源见第5章财政横向失衡影响市场分割的实证分析中的数据来源部分。在控制变量的数据来源方面，对外开放水平（ln*op*）、经济发展水平（*light*）、政府规模（*inter*）、政府与市场关系（*mark*1）、非国有经济发展水平（*mark*2）的数据来源见第4章财政纵向失衡影响市场分割的实证分析中的数据来源部分。地区劳动生产率（ln*g*5）、市场规模（*gdp*2）、城镇化（*urban*）、市场流通规模（ln*sell*）的数据来源见第5章财政横向失衡影响市场分割的实证分析中的数据来源部分。

6.3 实证结果与分析

6.3.1 中介效应分析

表6–2报告了财政横向失衡作为财政纵向失衡影响市场分割的中介变量效应分析结果。本部分设置了10 000次的Bootstrap重复抽样，以确保估计的准确性和置信区间的可靠性。首先，总效应的检验结果显示，财政纵向失衡对市场分割的影响系数为0.0607，其95%置信区间为［0.0353，0.0862］，且*P*值小于0.01，表明财政纵向失衡与市场分割之间存在显著的正向关系。其次，进一步分析财政纵向失衡对财政横向失衡的影响，结果显示该路径系数为0.0737，95%置信区间为［0.0414，0.1060］，*P*值小于0.01，表明财政纵向失衡显著正向影响财政横向失衡。接着，检验财政横向失衡对市场分割的影响，该影响的系数为0.2212，95%置信区间为［0.1549，0.2874］，*P*值小于0.01，表明财政横向失衡对市场分割的显著正向作用。最终，通过检验财政纵向失衡与市场分割间中介效应的存在性，发现中介路径（财政纵向失衡→财政横向失衡→市场分割）的系数为0.0124，95%置信区间为

[0.0064，0.0199]，P值小于0.01，表明存在显著的中介效应，验证了财政横向失衡在财政纵向失衡影响市场分割上的重要中介作用，故支持了研究假设6-1。

表6-2　　**基于Bootstrap方法的中介效应分析结果**

路径	效应	效应量系数	标准差	95%的置信区间	
				下限	上限
$\ln VFI \rightarrow \ln SEG$	Total	0.0607***	0.0130	0.0353	0.0862
$\ln VFI \rightarrow HFI$	~	0.0737***	0.0165	0.0414	0.1060
$HFI \rightarrow \ln SEG$	~	0.2212***	0.0338	0.1549	0.2874
$\ln VFI \rightarrow \ln SEG$	Direct	0.0460***	0.0093	0.0271	0.0623
$\ln VFI \rightarrow HFI \rightarrow \ln SEG$	Indirect	0.0124***	0.0038	0.0064	0.0199

注：Bootstrap重复抽样10 000次，***表示$P<0.01$，分析中皆加入了控制变量且同时控制了个体效应和时间效应。

表6-3通过引入解释变量的滞后1期处理，为财政横向失衡作为财政纵向失衡影响市场分割的中介变量效应分析提供了一个控制内生性问题的分析结果。财政纵向失衡对市场分割的总效应系数（系数c=0.0323，$P<0.01$）在95%的置信区间[0.0106，0.0540]内显著且不包含0，这表明在考虑时间序列动态的情况下，财政纵向失衡依然显著正向影响市场分割。而且，财政纵向失衡对财政横向失衡（中介变量）的影响（系数a=0.0482，$P<0.01$）以及财政横向失衡对市场分割的影响（系数b=0.1921，$P<0.01$）均显著，且均在各自的95%置信区间内不包含0。这一发现表明，财政横向失衡在财政纵向失衡与市场分割之间发挥了中介作用。中介效应量系数（ab=0.0093，$P<0.01$）显著，且在95%置信区间[0.0027，0.0158]内依然不包含0，表明在控制了财政横向失衡与财政纵向失衡之间双向因果关系的内生性问

题后，财政横向失衡确实在财政纵向失衡对市场分割的影响上起到了中介作用，故研究假设6-1再次得到验证。

表6-3　**基于解释变量滞后1期处理的中介效应分析结果**

路径	效应	效应量系数	标准差	95%的置信区间	
				下限	上限
l.ln*VFI*→ln*SEG*	Total	0.0323***	0.0111	0.0106	0.0540
l.ln*VFI*→*HFI*	—	0.0482***	0.0163	0.0161	0.0802
HFI→ln*SEG*	—	0.1921***	0.0349	0.1237	0.2606
l.ln*VFI*→ln*SEG*	Direct	0.0231***	0.0111	0.0027	0.0158
l.ln*VFI*→*HFI*→ln*SEG*	Indirect	0.0093***	0.0033	0.0027	0.0158

注：Bootstrap重复抽样10 000次，***表示$P<0.01$，分析中皆加入了控制变量且同时控制了个体效应和时间效应。

6.3.2　有调节的中介效应分析

表6-4报告了在财政纵向失衡作为主要解释变量和调节变量的情况下，其对市场分割影响的有调节的中介效应分析结果，也就是分析财政纵向失衡（ln*VFI*）如何通过财政横向失衡（*HFI*）间接影响市场分割（ln*SEG*），以及这一过程如何受到财政纵向失衡程度高低的调节作用影响。

表6-4　**有调节的中介效应分析结果**

调节变量	路径		效应		
	前半路径	后半路径	直接效应	总效应	有调节的中介效应
高*VFI*	0.1293*** [0.0384，0.2203]	0.1734*** [0.1207，0.2261]	0.0370*** [0.0160，0.0580]	0.0497*** [0.0296，0.0697]	0.0093*** [0.0020，0.0166]

续表

调节变量	路径		效应		
	前半路径	后半路径	直接效应	总效应	有调节的中介效应
低 *VFI*	0.0878 [-0.0517, 0.1240]	0.1319*** [0.0724, 0.1915]	0.0370*** [0.0160, 0.0580]	0.0467*** [0.0236, 0.0697]	0.0083 [-0.0003, 0.0170]
差值	0.1086*** [0.0471, 0.1700]	0.1527*** [0.1064, 0.1990]	—	0.0481*** [0.0267, 0.0696]	0.0088*** [0.0009, 0.0167]

注：Bootstrap重复抽样10 000次，***表示$P<0.01$，分析中皆加入了控制变量并同时控制了个体效应和时间效应。

列（1）显示，在财政纵向失衡程度较高的情形下，财政纵向失衡对财政横向失衡的效应系数为0.1293，$P<0.01$，95%置信区间为[0.0384，0.2203]，在财政纵向失衡程度较低的情形下，财政纵向失衡对财政横向失衡的效应系数为0.0878，95%置信区间为[-0.0517，0.1240]，P值未达显著水平。表明在财政纵向失衡程度较高的情形下，财政纵向失衡对财政横向失衡的正向影响更加显著。在财政纵向失衡程度较低的情形下，财政纵向失衡对财政横向失衡的影响系数并不显著，表明此时财政纵向失衡对财政横向失衡没有影响。

列（2）显示，在财政纵向失衡程度较高的情形下，财政横向失衡对市场分割的效应系数为0.1734，$P<0.01$，95%置信区间为[0.1207，0.2261]。在财政纵向失衡程度较低的情形下，财政横向失衡对市场分割的效应系数为0.1319，$P<0.01$，95%置信区间为[0.0724，0.1915]。表明在财政纵向失衡程度较高的情形下，财政横向失衡对市场分割的正向影响更强，而在财政纵向失衡程度较低的情形下，该影响虽然存在但相对减弱。

列（3）显示，在财政纵向失衡程度较高和较低的情形下，财政纵向失衡对市场分割都有直接正向影响，直接效应系数均为0.0370，$P<0.01$，95%置信区间为［0.0160，0.0580］。

列（4）显示，在财政纵向失衡程度较高的情形下，财政纵向失衡对市场分割的总影响效应系数为0.0497，$P<0.01$，95%置信区间为［0.0296，0.0697］。在财政纵向失衡程度较低的情形下，财政纵向失衡对市场分割的总影响效应系数为0.0467，$P<0.01$，95%置信区间为［0.0236，0.0697］。表明在财政纵向失衡程度较高的情形下，财政纵向失衡对市场分割总的正向影响更强。

列（5）显示，在财政纵向失衡程度较高的情形下，财政纵向失衡通过财政横向失衡的中介路径对市场分割产生影响的效应系数为0.0093，$P<0.01$，95%置信区间为［0.0020，0.0166］。在财政纵向失衡程度较低的情形下，该效应系数为0.0083，$P>0.1$，95%置信区间为［-0.0003，0.0170］。表明较高的财政纵向失衡程度增强了财政纵向失衡通过财政横向失衡对市场分割产生的影响，相比之下，较低的财政纵向失衡程度的效应并不显著。列（5）的差值行显示，有调节的中介效应差异的系数为0.0088，$P<0.01$，95%置信区间为［0.0009，0.0167］，说明在较高的财政纵向失衡程度和较低的财政纵向失衡条件下，财政纵向失衡通过财政横向失衡影响市场分割的差异确实是显著的，验证了财政纵向失衡在财政纵向失衡通过财政横向失衡影响市场分割上的调节作用，故支持了研究假设6-2。

6.3.3 动态面板门槛效应分析

在财政纵向失衡对市场分割的门槛效应分析中，以财政横向失衡作为门槛变量的分析结果见表6-5和表6-6。由表6-5可知，全国层面表现为显著的双重门槛特征，门槛值为0.4070、1.7944，均通过了

10%的显著性检验。分地区来看，西部地区表现为显著的单一门槛特征，门槛值为0.3574，通过了5%的显著性检验；中东部地区也表现为显著的单一门槛特征，门槛值为1.7865，通过了10%的显著性检验。这表明财政纵向失衡对市场分割的影响受到财政横向失衡门槛效应的制约，而且表现出明显的地区异质性。

表6-5　　　　动态面板门槛值估计和显著性检验结果

地区	门槛数	门槛值	*P*值	门槛效应
全国	单一	0.4070	0.0741*	双重门槛效应成立
	双重	1.7944	0.0660*	
	三重	2.6854	0.3600	
西部地区	单一	0.3574	0.0372**	单一门槛效应成立
	双重	0.2468	0.2514	
	三重	1.7856	0.6498	
中东部地区	单一	1.7865	0.0830*	单一门槛效应成立
	双重	2.5619	0.4296	
	三重	3.5485	0.1546	

注：自助法（Bootstrap）迭代次数均为500次。**、*分别表示$P<0.05$、$P<0.10$。

表6-6是门槛效应的回归结果，其中，全国层面存在双重门槛效应，列（1）显示，当$HFI \leq threshold1$时，也就是当财政横向失衡小于等于0.4070时，财政纵向失衡对市场分割呈现不显著的正向影响；当$threshold1 < HFI \leq threshold2$时，也就是当财政横向失衡大于0.4070且小于等于1.7944时，财政纵向失衡对市场分割呈现显著的正向影响；当$HFI > threshold2$时，也就是当财政横向失衡大于1.7944时，财政纵向失衡对市场分割呈现显著的正向影响，而且与$threshold1 < HFI \leq$

*threshold*2时相比，存在更大的正向影响。这说明，在全国层面，随着财政横向失衡水平的提高，财政纵向失衡对市场分割的影响由不显著的正向作用转变为显著的正向作用，继而转变为更大的显著正向作用，由此验证了研究假设6-3。

表6-6　　**动态面板门槛效应分析结果**

变量	(1)	(2)	(3)
	全国	西部地区	中东部地区
	ln*SEG*	ln*SEG*	ln*SEG*
l.ln*SEG*	0.0833* (1.7982)	0.3867*** (8.1002)	0.3868*** (4.7323)
HFI≤*threshold*1	0.0007 (0.7925)	0.0538 (0.6517)	0.0536** (2.3127)
HFI>*threshold*1		0.0542*** (6.1145)	0.0546*** (3.3350)
*threshold*1<*HFI*≤*threshold*2	0.0007* (1.7305)		
HFI>*threshold*2	0.0181*** (3.2138)		
常数项	2.1244*** (4.6250)	0.7733* (1.6896)	0.7753 (1.5457)
控制变量	YES	YES	YES
地区固定效应	YES	YES	YES
时间固定效应	YES	YES	YES
观测值	480	187	308
AR（1）	0.007	0.025	0.041

续表

变量	(1)	(2)	(3)
	全国	西部地区	中东部地区
	ln*SEG*	ln*SEG*	ln*SEG*
AR（2）	0.176	0.076	0.372
Sargan	0.763	0.196	0.965

注：括号内的数值对于系统GMM模型为*z*统计量值，*、**、***分别代表10%、5%、1%的显著水平。AR（1）、AR（2）与Sargan检验输出结果为*P*值。

西部地区存在单一门槛效应，列（2）显示，当$HFI \leqslant threshold1$时，也就是当财政横向失衡小于等于0.3574时，财政纵向失衡对市场分割呈现不显著的正向影响；当$HFI > threshold1$时，也就是当财政横向失衡大于0.3574时，财政纵向失衡对市场分割呈现显著的正向影响，而且与$HFI \leqslant threshold1$相比，存在更大的正向影响。这说明，在西部地区，随着财政横向失衡水平的提高，财政纵向失衡对市场分割的影响由不显著的正向影响转变为更大的显著正向影响。

中东部地区存在单一门槛效应，列（3）显示，当$HFI \leqslant threshold1$时，也就是当财政横向失衡小于等于1.7865时，财政纵向失衡对市场分割呈现显著的正向影响；当$HFI > threshold1$时，也就是当财政横向失衡大于1.7865时，财政纵向失衡对市场分割呈现显著的正向影响，而且与$HFI \leqslant threshold1$相比，存在更大的正向影响。这说明，在中东部地区，随着财政横向失衡水平的提高，财政纵向失衡对市场分割的影响由显著的正向影响转变为更大的显著正向影响。

6.3.4 稳健性检验

本书借鉴Baron R M和Kenny D A（1986），以及温忠麟和叶宝娟（2014）的研究，采用逐步回归法分别对中介效应和有调节的中介效应的分析结果进行稳健性检验。

1）中介效应的稳健性检验

表6-7汇报了采用逐步法中介效应对检验的结果。列（1）显示，财政纵向失衡影响市场分割的效应系数为0.0607，且在1%的水平上显著。列（2）显示，财政纵向失衡影响财政横向失衡的效应系数为0.0489，且在1%的水平上显著。列（3）显示，在控制了中介变量的情况下，财政纵向失衡影响市场分割的效应系数为0.0499，且在1%的水平上显著。同时，财政横向失衡影响市场分割的效应系数为0.2212，且在1%的水平上显著。由此反映出中介效应的回归结果具有稳健性。

表6-7 **中介效应的稳健性检验结果**

变量	（1）	（2）	（3）
	ln*SEG*	*HFI*	ln*SEG*
ln*VFI*	0.0607***	0.0489***	0.0499***
	（5.5832）	（3.0751）	（4.7943）
HFI			0.2212***
			（7.2640）
ln*op*	0.1592***	0.1284	0.1308**
	（2.6013）	（1.4354）	（2.2509）
light	0.1222***	0.2697***	0.0626**
	（4.8322）	（7.2947）	（2.4702）
inter	0.6014	−0.5555	0.7243
	（1.0726）	（−0.6777）	（1.3629）
*mark*1	−0.0671*	−0.0002	−0.0670**
	（−1.9232）	（−0.0049）	（−2.0285）

续表

变量	(1)	(2)	(3)
	lnSEG	HFI	lnSEG
mark2	0.0250 (1.0583)	-0.0162 (-0.4693)	0.0286 (1.2770)
lng5	-0.0777 (-0.3947)	0.0749 (0.2605)	-0.0942 (-0.5056)
gdp2	-0.0183 (-0.6058)	0.0325 (0.7364)	-0.0255 (-0.8902)
urban	-0.6878 (-0.8606)	-0.0531 (-0.0455)	-0.6761 (-0.8929)
lnsell	-0.0003 (-0.0061)	-0.0107 (-0.1562)	0.0021 (0.0469)
常数项	2.0282*** (4.3638)	1.3829** (2.0353)	1.7223*** (3.8940)
观测值	510	510	510
R-squared	0.418	0.630	0.479
地区固定效应	YES	YES	YES
时间固定效应	YES	YES	YES
r2_a	0.347	0.585	0.414
F	8.169	21.87	13.07

注：***、**和*分别代表在1%、5%和10%的水平上显著，括号内数值为对应变量估计系数的标准误。

2）有调节的中介效应的稳健性检验

表6-8给出了有调节的中介效应的稳健性检验结果。列（1）显

示，财政纵向失衡影响市场分割的效应系数为0.0443，且在5%的水平上显著。列（2）显示，财政纵向失衡与财政横向失衡的综合项（*HFI* * ln*VFI*）影响市场分割的效应系数为0.0110，且在5%的水平上显著，表明财政纵向失衡程度越大，财政横向失衡所发挥的中介效应越大，故证明有调节的中介效应的回归结果具有稳健性。

表6-8　　**有调节的中介效应的稳健性检验结果**

变量	(1)	(2)
	HFI	ln*SEG*
ln*VFI*	0.0443** (2.4815)	0.0255* (1.7779)
HFI		0.1188*** (2.9769)
HFI * ln*VFI*		0.0110** (2.5835)
ln*op*	0.1377 (1.3719)	0.1395** (2.4457)
light	0.3830*** (9.2383)	0.0512** (1.9872)
inter	-0.8789 (-0.9558)	0.8427 (1.6132)
mark1	-0.0312 (-0.5458)	-0.0596* (-1.8360)
mark2	-0.0158 (-0.4068)	0.0290 (1.3194)
ln*g5*	0.1692 (0.5245)	-0.0584 (-0.3173)

续表

变量	(1)	(2)
	HFI	ln*SEG*
gdp2	0.0137 (0.2758)	-0.0320 (-1.1247)
urban	-0.8413 (-0.6419)	-0.8083 (-1.0750)
ln*sell*	-0.0233 (-0.3021)	0.0081 (0.1857)
常数项	1.9324** (2.5350)	1.8895*** (4.2570)
观测值	510	510
R-squared	0.628	0.488
地区固定效应	YES	YES
时间固定效应	YES	YES
r2_a	0.583	0.423
F	25.46	12.75

注：***、**和*分别代表在1%、5%和10%的水平上显著，括号内数值为对应变量估计系数的标准误。

7

财税体制与全国统一大市场建设：政策路径研究

根据本书第3章、第4章、第5章以及第6章的研究结论，本章从降低财政纵向失衡度、降低财政横向失衡度、规范地方政府竞争行为、优化经济增长目标管理、加大审计监督强度和优化财政转移支付制度六个方面提出政策建议，以期切实发挥财政体制在降低市场分割程度与加快构建全国统一大市场建设中的积极作用。

7.1 降低财政纵向失衡度以减弱市场分割程度

本书第4章研究发现财政纵向失衡显著加剧了市场分割水平，这种影响在西部地区和经济增长率较低地区显著，而在其他地区不显著。第6章研究表明，财政纵向失衡还在财政横向失衡对市场分割的影响上产生正向调节作用。第3章研究结果显示全国层面财政纵向失衡平均值呈稳步上升的态势。基于上述研究结论，应适时降低财政纵向失衡度以减弱其对市场分割的不利影响，其着力点应置于规范配置政府间财政事权与支出责任划分和健全地方税体系两个方面。

1）规范配置政府间财政事权与支出责任划分

规范配置政府间财政事权和支出责任划分是现阶段降低财政纵向失衡度的一个重要路径。在政府间事权和支出责任划分方面，应加快形成科学合理、分工明确的财政事权和支出责任分配体系。虽然我国自2018以来陆续出台了一些领域的中央和地方财政事权与支出责任划分的改革措施，但仍有一些领域没有涉及，而且省级以下财政事权与支出责任划分改革还没有实质性的推进，这不利于降低纵向财政失衡度，也不利于切实减少财政纵向失衡对市场分割的负向影响。为此，应从以下四个方面进一步规范政府间财政事权与支出责任划分。第一，适度上移财政事权与支出责任，继续充分发挥中央在央地事权划分上的主导权和决定权。基于公共服务受益范围的原则，应进一步明确并加强中央政府在全国范围内具有广泛影响、涉及国家主权和社会整体利益的事权。这不仅要求中央财政在对外关系、国防安全等宏观领域保持绝对掌控，同时也要在教育、医疗等关乎国民基本福利的领域，确保中央政府的政策导向和资源配置效能。第二，规范央地共同财政事权以提升政府治理效能。鉴于我国经济社会发展不平衡以及社会发展阶段的现实需求，与成熟市场经济国家相比，我国中央政府和地方政府在提供基本公共服务和保障民众基本权利方面的财政事权上存在更多的交叉和重合，共同财政事权过多与划分不规范造成相互推诿和效率低下。因此，应在适度减少共同财政事权的同时，合理划分共同财政事权的支出责任，从而减轻财政纵向失衡。第三，激发地方政府的积极性，保障地方财政事权的履行。应将直接面向基层和公民的具有较强区域性的公共事务划分给地方政府，从而促使公共服务更加符合地方实际需求，避免地方政府因过度追求短期或局部利益而忽视社会整体福利。在此基础上，要根据财政能力合理安排支出责任，增强地方财力与支出责任的匹配性，从而为降低财政综合失衡提供保障。第四，实行“谁主管、谁负责”的财政事权与支出责任原则，实现权、责、利的统一。政府间财政事权与支出责任的划分应明确且具有弹性，并随着经济社会发展的变化和适应国家治理现代化的需求，进行动态性调整，从而不断增强地方事权、财权、财力与支出责任之间的适配性，确保不断降低纵向财政失衡程度。总之，通过规范政府间财政事权与支出责任划分，实现中央与地方的有机融合，不仅能有效解决财政纵向失衡问题，还能促进中央与地方在宏观调控与微观管理中的协同高效，从而从制度层面为减弱市场分割程度助力，更好地服务于全国统一大市场的建设。

2）健全地方税体系，培育主体税种，增加地方财政收入

兼顾当前与未来经济发展与制度建设，逐步提高地方财力水平

是降低财政纵向失衡度的一个重要路径。虽然《全面推开营改增试点后调整中央与地方增值税收入划分过渡方案》明确了地方增值税的分享比例从25%调整至50%，2019年国务院印发的《实施更大规模减税降费后调整中央与地方收入划分改革推进方案》进一步决定保持增值税“五五分享”的比例，但在当前我国税制结构与财政体系框架下，地方税收体系中缺乏地方独享税种，地方税权也相对有限，不利于提升地方财政自给度。因此，地方税收保障体系的稳定性与科学性尚待进一步完善，确立地方主体税种就成为完善地方税体系的关键环节。理论上，地方主体税种应满足稳定性、受益性、透明性、便利性等原则。从现行税制体系看，完善地方税收体系应从两个方面切入。

一方面是落实消费税征收环节后移并稳步下划地方。2019年国务院印发的《实施更大规模减税降费后调整中央与地方收入划分改革推进方案》提出了将消费税征收环节后移并稳步下划至地方的战略举措，旨在为地方财政收入拓宽渠道，同时引入“定基数、调增量”的央地消费税收入分享机制。为了切实实施这一构想，一是应保持当前消费税税率的稳定性。考虑到我国现阶段消费税主要在生产环节征收，税率依据生产企业的销售价格设定，若将征收环节调整至零售环节，由于零售价格普遍高于出厂价格，直接采用现行税率将不可避免地扩大税基，进而会加重企业税负。二是采用省份消费量作为核算消费税收入的依据。在将消费税征收环节移至零售环节之后，各省份消费税收入规模大小与零售环节的消费量密切相关。因此，应以消费税不同征税对象在各省份的消费量作为计算各省份消费税的税基。为了避免单一年度受特殊因素影响造成的税基不均衡，可以将前几年（如5年）的平均值作为参考。

另一方面是通过构建基于共享税体系为主体的地方税收体系，合理安排中央和地方共享税分成比例。当前，我国税收划分模式以共享税为主导，2022年共享税收入占税收收入的72.13%，中央共享税收入占共享税收入的53.42%，地方共享税收入占共享税收入的46.58%，中央共享税占中央税收收入的71.36%，地方共享税收入占地方税收收入的73.05%。地方税收入主要依赖于共享税，2019—2022年地方增值税、企业所得税与个人所得税收入之和占地方税收收入的比重分别为63.47%、61.93%、63.01%和60.36%。因此，共享税比例分成的高低必然对地方政府财力及支出行为选择产生重要影响。在现阶段健全完善均衡性的地方税收体系仍需依赖以共享税为主的收入划分模式下，应根据地区税基、人口、消费能力等因素，进一步完善共享税分享方式及比例，通过制定科学的税收分享制度灵活调整纵向政府间税收收入分配以更好地满足地方政府财力需求，进而缓解财政纵向失衡程度，有效消除市场分割，推动形成全面开放、竞争有序的统一大市场。

7.2 降低财政横向失衡度以降低市场分割水平

本书第5章研究发现财政横向失衡会显著加剧市场分割水平，这种影响在中东部地区和经济增长率较低地区显著，而在其他地区不显著。第6章研究结论表明，随着财政横向失衡水平的提高，财政纵向失衡对市场分割的影响也由最初的不显著正向作用转变为显著且日益增强的正向作用。这一现象在西部地区和中东部地区均得到验证。第3章研究发现全国层面财政横向失衡平均值呈大幅上升的态势。基于上述研究结论，应降低财政横向失衡度，促进区域均衡发展，从而为缓解市场分割提供制度与环境条件。由于我国现行税收分享规则是导致财政横向失衡以及市场分割的一个重要因素，因此，现阶段降低财政横向失衡程度的重点应放在继续调整税收分享规则方面。一是促进税收分享方式的转型，从依托生产性税基向基于消费性税基转变。这一转变有助于了解地方保护主义所引发的短视行为，同时鼓励地方政府由单一的经济发展推动者向优质公共服务的提供者转变。随着我国市场经济的深入发展以及人们对高品质公共服务需求的日益增长，现有基于地方生产性活动的税收划分模式已不适应跨地区经济活动和专业化分工的趋势。因此，应调整政府间税收分享规则，以消费或人口作为分享税收的依据，这不仅能引导地方政府提供更优质的公共服务，还能削弱地方财政与本地工业发展的直接联系，从而有效降低市场分割程度。二是完善增值税收入分享规则。鉴于增值税的主体税种特性和其流动性税基的属性，为了避免税收与税源分离带来的地方保护主义，应将增值税收入归属中央处理，通过与消费、人口等因素挂钩的财政转移支付方式分配给地方。另外，为激发地方政府推动跨区域贸易的积极性，应以增值税发票信息为基础，将税收按辖区内外销售标准来划分中央税与地方税，通过税收分享规则的合理调整，鼓励地方政府积极参与促进区域间经济交流，进一步降低财政横向失衡。三是实施税率分享制。与传统的收入分成模式相比，税率分享制更能提高财政收入的可预见性和稳定性。应明确赋予地方政府在全国统一立法范围内根据地方实际情况选择匹配税率的权力，从而激励地方政府提升税收征管效率和控制地方债务的能力。此外，税率分享制能使地方政府有效参与到大型税基的课税过程中，促使地方政府在公共决策中充分考量成本与收益，减少财政激励对地方政府决策的扭曲，从而在遏制地方政府短视行为的同时降低财政横向失衡。总之，有效实施这些措施有助于缓解财政横向失衡状况，进而消解财政横向失衡对市场分割的消极影响。

7.3 规范地方政府竞争行为以消除对市场分割的不利影响

本书第4章研究发现财政纵向失衡通过激化地方政府间的税收"竞底"、财政支出"竞高"及环境规制"竞低"行为，进而加剧市场分割。第5章研究表明财政横向失衡通过激化地方政府间的税收"竞底"、财政支出"竞高"及环境规制"竞低"行为，进而加剧市场分割。基于上述研究结论，国家应进一步规范地方政府竞争行为，确保财政政策和环境规制的协调一致以缓解市场分割问题。由于近年来地方政府竞争行为呈现出一些新的特征，如从收入端"变通"为支出端、从税收端"拓展"至非税端、从单纯减免"升华"为多种形式的组合，因此规范地方政府竞争行为应着力于规范和约束地方政府的税收"竞底"、财政支出"竞高"及环境规制"竞低"行为。

其一，规范地方税收竞争行为。作为现代财政制度的组成部分，税收是调节资源配置和收入分配、促进经济的稳定与增长、实现国家长治久安的基石。地方政府竞争间接创造了中国经济增长奇迹，但是在更加强调地方政府与社会成员合作共治的现代国家治理背景下，地方政府税收竞争更多扮演一种"趋劣"竞争的角色，不仅侵蚀了地方政府税基，破坏了公平竞争的市场环境，而且阻碍了全国统一大市场进程的推进。另外，近年来，我国税收优惠政策项目数量激增，从2017年的946项增至2019年6月的1 537项，这种过度和无序的税收优惠不仅阻碍了生产要素的高效配置，也破坏了市场经济的正常秩序。鉴于我国地域广阔，地区间在地理位置、资源禀赋及经济发展水平上存在显著差异，因而为了规范地方税收竞争行为，应基于各地实际情况，制定差别化、合理化的地区税收优惠政策。具体而言，针对东部地区资源条件相对优越、经济发展水平较高的特点，应适度削减地方税收优惠政策，通过清理不规范及可能引发地区壁垒的税收政策，以及强化税收征管，保证地方财政的稳定性。基于中部地区作为经济发展的新兴力量与拥有广阔发展空间的特点，应依托合理的税收优惠政策，促进区域发展和产业结构升级，从而扩大高质量税源以增强地方财政能力。在这一过程中，还需要全面规范税收优惠措施，避免未经中央批准擅自制定税收优惠政策，兼顾地区差异，保留适度的地方自主权，制定与地理优势及税源条件相匹配的灵活税收政策。对于西部地区和东北地区而言，由于受经济发展水平的影响，优质税源较少，财政收入能力较弱，因此应加大中央政策支持力度，进一步完善和实施促进西部大开发和加快东北全面振兴的税收优惠政策，通过税收优惠政策的“组合拳”激发地区经济活力，提升地区发展潜力和吸引力，从而为增加财政收入提供支撑。总之，应兼顾不同区域地理位置以及资源禀赋的差异，合理制定税收优惠政策，促进区域间协同发展，降低财政横向失衡程度，进而降低市场分割程度。

其二，规范地方财政支出竞争行为。作为现代财政制度的核心，财政支出是增进公共福利、确保社会公正、促进经济发展和维护国家稳定的重要手段。地方政府间的财政支出竞争在一定程度上推动了区域发展和公共服务的创新。然而，在更注重地方政府与社会合作与共治的背景下，不规范的财政支出竞争会导致地区资源配置失衡，加剧市场分割并阻碍国家统一大市场的形成和发展。为此，应从两个方面进一步规范地方财政支出竞争。一是健全地方政府财政支出责任与绩效评估机制。应进一步明晰各级地方政府的财政支出责任与权限，坚持以人民为中心的发展思想，确保财政资金优先满足民生需求，如教育、医疗卫生、社会保障和基础设施建设等领域。同时，通过进一步细化地方政府财政支出的具体范围与重点领域，防止出现为追求短期经济增长而忽略长期发展和公平性的支出行为。此外，要建立与完善财政支出绩效评估体系，通过对财政资金使用效率、效益和效果的定期核查、对短期成效与长期影响的客观公正评价，以及及时反馈并调整财政支出的方向和效率来确保财政资金的有效利用和避免无效投资。二是优化地方政府间的财政支出竞争机制。应建立和完善地方政府间公共项目的招标竞标机制，通过公开透明的竞争方式，确保项目的公正性和效益最大化。同时，强化对地方政府财政支出竞争行为的监管，通过制定具体的政策和指导原则，明确竞争的界限与规则，防止地方政府为吸引投资而在支出端进行不正当竞争，进一步增强对地方政府财政支出行为的监督力度，对违反规定、损害区域经济健康发展的行为进行严格处罚，保障竞争在公平、公正的基础上进行。通过规范地方财政支出竞争行为，促进地区资源的高效配置以及激发地区间协同发展的动力，进而为推动全国统一大市场的建设提供有力支撑。

其三，规范地方环境规制竞争行为。作为现代社会管理的核心，环境规制是确保生态平衡、保护人类健康和促进可持续发展的重要手段。在全球化的背景下，地方政府为吸引投资和促进经济增长，可能会降低环境标准，从而引发环境规制上的“趋底”竞争。尽管短期内这种策略会带来一些经济利益，但从长远的角度看，各地不同的环境标准和政策导致了产业结构和产业布局的不均衡，进而妨碍全国统一大市场的形成和发展。对此，应从三个方面着力规范地方环境规制竞争行为。一是制度创新与政策协同。根据已有的环境保护法律法规及政策导向，进一步精细化环境规制标准，提升其针对性与操作性，确保环境规制方面的政策效果最大化。同时，加强中央与地方的合作与协调，围绕环境保护的共同目标，通过加强中央与地方的政策沟通机制，确保地方政府的环境政策既符合地方实际，又与国家宏观调控和战略大局相契合。二是规范数据监测与明确责任。应构建覆盖全国的环境数据监测网络，加强环境数据的采集、分析与公开，并及时向社会公开，从而加强公众参与监督，增强政府的透明度与公信力。此外，在地方环境治理中要明确政府、企业及公民等各方的职责分工，通过设立相应的奖惩机制，确保责任主体对其行为承担相应的后果，从而更有效地规范地方环境保护行为和解决环境污染问题。三是推动绿色金融发展。金融工具是现代经济体系中的重要组成部分，应通过绿色债券、绿色基金等手段激励绿色金融的发展，鼓励金融机构通过提供绿色贷款积极为绿色项目融资，有效引导资金投入环保领域。通过规范地方环境竞争行为，不仅能有效避免“趋劣”竞争所带来的负面影响，构建公平、透明且可持续的竞争环境，而且可以为降低市场分割程度提供条件。

7.4 优化经济增长目标管理以弱化市场分割程度

本书第4章研究表明经济增长目标管理不仅加剧了市场分割程度，而且强化了财政纵向失衡加剧市场分割的影响。第5章研究结论认为经济增长目标管理强化了财政横向失衡加剧市场分割的影响。作为国家宏观管理的核心，经济增长目标是调节经济发展速度、保证社会稳定和提高民生福祉的重要指标。对经济增长目标的过度追求会对全国统一大市场的稳定和健康发展带来不利的影响。因此，优化经济增长目标管理及调整政策导向，成为缓解市场分割的关键策略之一。现阶段主要应从三个方面来规范经济增长目标管理：一是基于“软约束”制定和调整经济增长目标。应遵循新发展理念，根据地方经济发展的实际情况，注重经济增长目标设定的灵活性与可持续性，避免过度强调“硬目标”，鼓励地方政府因地制宜地制定增长目标，以“上下浮动”“区间范围”等“软约束”的方式为政策调整留有空间，从而能动态性地制定和调整长期经济增长目标，以及在确保经济增长的同时兼顾其他社会政策目标的实现。二是进一步完善经济增长指标的评估与监测体系。建立动态的评估与监测体系是优化经济增长目标管理的重要举措，有助于实现对经济增长目标执行情况的动态调整和科学评估。地方政府应综合考量经济发展情况，在全面深入把握历年经济增长目标执行情况的基础上，构建科学、可操作的评估指标体系，全方位地对经济增长指标执行的影响进行评估和监测，并及时将评估和监测结果加以反馈和充分运用，从而为进一步经济增长目标管理提供依据和参考。三是要因地制宜地设定经济增长目标。应在国家经济增长目标的引导下，充分考虑各地区在经济发展水平、市场化程度、制度环境及地方政府财政能力等方面的差异，在经济增长目标设定时应确保与各地实际经济增长能力相适应，从而防止地方政府在较高经济增长目标压力下对市场微观主体的不当干预，以及过度追求短期经济增长的行为，保证地方政府经济增长目标管理的平稳性、一致性和协调性，为宏观经济的平稳可持续增长提供坚实政策支持。概言之，通过优化经济增长目标管理措施的有效实施，不仅有助于实现“稳增长”的目标，还能在一定程度上促进区域间的协调与平衡发展，从而为矫正财政纵向失衡与横向失衡以消解市场分割和推动全国统一大市场建设提供支持。

7.5 加大审计监督强度以减轻市场分割程度

本书第4章研究发现加大审计监督强度不仅降低了市场分割程度，而且弱化了财政纵向失衡加剧市场分割的影响。第5章研究结论表明审计监督强度减轻了财政横向失衡加剧市场分割的影响。基于上述研究结论，应进一步加大审计监督强度以应对市场分割问题。根据委托代理理论，地方政府承担着代理人职责，负责为公众提供公共产品和服务，由于存在信息不对称，因此应加强对地方政府行为的审计监督。具体而言，应从两个方面来加大审计监督强度。一是要全方位提升内部控制水平。审计监督作为一种外部监督，与财政监督共同构成地方政府监督体系，因此二者应互为补充，相互配合，相互协同。提高内部控制水平不仅关涉到技术和制度，更是一种管理理念的体现，作为财政监督体系的第一道防线，内部控制在提高财政资金使用效率、缓解预算偏离以及制约地方保护主义行为方面具有十分重要的作用。目前应调动各级政府对内部控制管理的主动性和积极性，从政策制定、预算编制及预算执行等环节进一步完善内部控制体系，修订完善内部控制办法，规范内部控制考评机制，在关键领域和环节加大风险防控力度，全面提升内部控制的质量和效果，从而有效提升财政资金的使用绩效。此外，应充分利用现代化技术手段，加强审计监督与财政监督之间的数据信息共享，构建审计监督新机制，全过程和全方位提升审计监督效率。二是要全面推进审计监督体系建设。虽然审计监督在扩大审计范围，明确履职权限，以及督促被审计对象责任整改方面取得了一定的成效，但在公共资金管理、国有资产和资源管理绩效，以及地方政府预算全流程、各环节，预算执行的合规性和效率性方面的实时动态审计监督还需进一步加强。此外，应适度扩展审计机关的监督权限，使审计机关能切实履行审计监督的建议权、质询权和信息获取权，以保障审计监督的权威性和有效性。总之，通过加大地方政府审计监督力度，有助于增强地方财政管理的透明度，缓解预算偏离问题，提升地方财政运行的规范性，从而更好地发挥审计监督在降低市场分割程度和促进市场一体化发展的正向激励。

7.6 优化财政转移支付制度以发挥对消减市场分割的积极作用

本书第4章研究发现转移支付规模的扩大不仅降低了市场分割程度，而且弱化了财政纵向失衡加剧市场分割的影响。第5章研究结果表明转移支付规模的扩大弱化了财政横向失衡加剧市场分割的影响。基于上述研究结论，应进一步调整和完善财政转移支付制度，平衡财政资源配置，从而为解决市场分割问题提供制度保障。具体来说，应从三个方面入手来优化转移支付制度。

第一，优化转移支付分配方式以矫正财政失衡。为了缓解财政纵向失衡程度，应进一步规范转移支付分配方式，科学设计转移支付的计算标准，在对标准财政收入与标准财政支出精细化测算的基础上，充分考虑各种影响因素及其权重大小以确定分配系数，从而使转移支付规模更加符合各地实际需求。同时，引入绩效考核机制，对地方政府财政资金使用的绩效情况进行全面、客观的考评，以绩效结果作为调整转移支付规模的重要参考，进而促进地方政府合理利用财政资金，提升公共服务供给效率。此外，在有效缓解财政横向失衡方面，应按照分类分档原则，全面深入考量地区间财力差异及其影响因素，在总结财政制度实施经验的基础上，逐步建立起规范的横向转移支付制度，兼顾对经济发展水平较低地区的支出和对经济发展水平较高地区的激励，实现地区间公平与效率的双重目标。

第二，根据转移支付的功能定位，科学合理地设置转移支付类型，切实发挥不同类型转移支付的作用。我国不同时期转移支付类型会根据需要适时地调整，如2019年在一般性转移支付中设置了“共同财政事权转移支付”，将原专项转移支付中（以2018年为参照）的46项划归到共同财政事权转移支付中，税收返还被纳入一般性转移支付中。2020年增加了特殊转移支付，2022年又增加了支持基层落实减税降费和重点民生等专项转移支付。目前，应有针对性地对不同类型的转移支付进行进一步完善，其重点应置于三个方面：一是要精准调整税收返还制度。税收返还作为一般性转移支付体系的组成部分，其改革的核心应该是实现有效平衡财力均等化与激励地方政府自我发展的双重目标。考虑到简单取消税收返还可能对欠发达地区的财政平衡造成不利影响，可以在保留的前提下进行必要改革调整，应充分考虑财力均等化和激励地方政府积极性等因素，将税收返还的分配方法由基数法调整为因素法，以确保税收返还更加公平、有效地发挥正向激励作用。二是在均衡性转移支付中引入激励因子，将能客观反映地方财政自我努力的因素纳入资金分配公式，合理调整地区标准财政收入核算方法，激励地方政府发展经济，壮大税源，提高财政资金使用效率和公共服务供给能力。三是规范专项转移支付制度。要优化调整专项补助项目，合并过于细化且重复的项目，调整不适应新形势需要的项目，增加符合当前经济社会发展需要的新项目，推动竞争性分配机制实施，切实提升专项转移支付资金的使用效率和效果。

第三，健全转移支付监督评价体系。健全转移支付监督评价体系是提升转移支付资金使用效益、优化转移支付制度的关键措施。目前应从三个维度入手来健全转移支付监督评价体系：一是进一步完善相关法律法规。应加速推进转移支付领域的专项立法及相关配套法律法规的制定，确保转移支付有明确的法律依据，进一步细化和明确地方政府在使用转移支付资金时必须遵循的原则、资金用途及其相应的权利和责任等，从根本上规范转移支付资金的使用与管理，消除转移支付制度实施过程出现的不确定性和随意性问题。二是构建转移支付资金绩效评价体系。应加强预算绩效管理一体化观念，根据“由申请方确定目标”的原则，科学合理设计能准确反映预算资金的预期产出和成效的绩效指标，持续评估转移支付制度的实施效果，并准确及时运用绩效评价结果。此外，应加强对转移支付资金使用的全过程监督和问责，通过派驻监督等手段，确保监管责任的有效落实，对于伪造绩效评估结果或者预算执行与绩效目标严重不符的责任人，应予以追责。对于转移支付资金使用无效或低效的情况，应采取针对性的措施及时有效地解决。

综上，通过精细化设定转移支付分配标准，引入转移支付绩效考核机制，科学设置转移支付类型，以及建立完善的转移支付监督评价体系等，不仅可以提升转移支付资金使用的绩效，还能进一步发挥转移支付在调节地区发展不平衡中的关键作用，实现财政资源的均衡分配，促进地区间公平与合作，从而能够为打破地区间制度壁垒、消解市场分割和形成全国统一大市场提供坚实的财政制度支持。

主要参考文献

[1] 樊纲，张曙光．公有制宏观经济理论大纲［M］．上海：三联书店，1990.

[2] 冯兴元．地方政府竞争：理论范式、分析框架与实证研究［M］．南京：译林出版社，2010.

[3] 蔡春，谢柳芳，王彪华．经济责任审计与地方政府治理——以环境污染为视角［J］．厦门大学学报（哲学社会科学版），2020（2）：91-104.

[4] 蔡国材，徐政，郑霖豪．建设全国统一大市场：新发展格局的基础支撑和内在要求［J］．当代经济管理，2023，45（3）：17-23.

[5] 蔡庆丰，陈熠辉．财政纵向失衡、地方激励异化与企业投资［J］．管理世界，2023，39（5）：25-40.

[6] 曹春方，张婷婷，范子英．地区偏袒下的市场整合［J］．经济研究，2017，52（12）：91-104.

[7] 曹志伟，吴柏钧，李竞超，等．转移支付、政府间财力协调与地区差异化投资［J］．财经论丛，2023（8）：26-35.

[8] 曾铖，李元旭，周瑛．我国地方政府规模对异质性企业家精神的影响分析——基于省级面板数据的实证分析［J］．研究与发展管理，2017，29（6）：68-80.

[9] 曾亚敏，张俊生．税收征管能够发挥公司治理功用吗？［J］．管理世界，

2009（3）：143-151；158.

［10］ 陈刚，李树．司法独立与市场分割——以法官异地交流为实验的研究［J］．经济研究，2013，48（9）：30-42；70.

［11］ 陈恒，侯建．R&D投入、FDI流入与国内创新能力的门槛效应研究——基于地区知识产权保护异质性视角［J］．管理评论，2017，29（6）：85-95.

［12］ 陈强远，李晓萍，曹晖．地区环境规制政策为何趋异？——来自省际贸易成本的新解释［J］．中南财经政法大学学报，2018（1）：73-83；160.

［13］ 陈剩勇，陈晓玲．产业规划、政府干预与经济增长：2009年“十大产业振兴规划”研究［J］．公共管理与政策评论，2014，（3）：6-24.

［14］ 陈晓光．增值税有效税率差异与效率损失：兼议对“营改增”的启示［J］．中国社会科学，2013（8）：67-84.

［15］ 陈钊，寇宗来，刘瑞明，等．如何认识与加快建设全国统一大市场（笔谈）［J］．产业经济评论，2022（A）.

［16］ 程茂勇，边启章．绿色信贷政策能否缓解企业投融资期限错配？［J］．现代经济探讨，2023（10）：58-71.

［17］ 储德银，迟淑娴，刘倖奇．地方政府税收竞争助推了经济发展不平衡吗——基于劳动力流动的视角［J］．经济学动态，2023（11）：51-71.

［18］ 储德银，迟淑娴．财政纵向失衡对地方经济增长的非线性影响及其转换特征［J］．经济研究，2020，55（11）：50-66.

［19］ 储德银，迟淑娴．转移支付降低了中国式财政纵向失衡吗［J］．财贸经济，2018，39（9）：23-38.

［20］ 储德银，费冒盛．财政纵向失衡、税收努力与地方经济增长［J］．当代财经，2021（10）：30-42.

［21］ 储德银，邵娇，迟淑娴．财政体制失衡抑制了地方政府税收努力吗？［J］．经济研究，2019，54（10）：41-56.

［22］ 储德银，邵娇．财政纵向失衡、公共支出结构与经济增长［J］．经济理论与经济管理，2018（10）：30-43.

[23] 邓慧慧，赵家羚，虞义华. 地方政府建设开发区：左顾右盼的选择？[J]. 财经研究，2018（3）：139-153.

[24] 邓明. 中国地区间市场分割的策略互动研究［J］. 中国工业经济，2014（2）：18-30.

[25] 邓睦军，龚勤林. 中国区域政策的空间属性与重构路径［J］. 中国软科学，2018（4）：74-85.

[26] 邓晰隆，叶子荣，卫力. 经济区"非效率"规划的原因分析与改进建议［J］. 江西社会科学，2018，38（3）：42-51；254-255.

[27] 董艳玲，李华. 转移支付的财力均等化效应：来源分解及动态演进［J］. 财贸研究，2022，33（3）：51-64.

[28] 杜彤伟，张屹山，杨成荣. 财政纵向失衡、转移支付与地方财政可持续性［J］. 财贸经济，2019，40（11）：5-19.

[29] 杜亚斌. 财政透明、财政分权与腐败感知：基于多层模型的实证分析［J］. 公共管理与政策评论，2020，9（6）：43-55.

[30] 杜一华. 我国多层次资本市场发展路径分析［J］. 中国流通经济，2020，34（7）：110-118.

[31] 段龙龙，何虎. 数字经济发展能够抑制地方政府规模膨胀吗——基于政府治理能力视角的实证研究［J］. 贵州财经大学学报，2023（2）：21-31.

[32] 樊丽明，解垩. 转移支付与区域平衡发展［J］. 政治经济学评论，2023，14（5）：26-59.

[33] 范爱军，李真，刘小勇. 国内市场分割及其影响因素的实证分析——以我国商品市场为例［J］. 南开经济研究，2007（5）：111-119.

[34] 范剑勇，林云. 产品同质性、投资的地方保护与国内产品市场一体化测度［J］. 经济研究，2011（11）：48-59.

[35] 范欣，宋冬林. 税收竞争与市场分割［J］. 商业研究，2020（4）：93-102.

[36] 范永茂，马瑶. 中央转移支付和地方财政缺口：制度环境下的省级数据

阈值效应分析［J］. 上海行政学院学报，2021，22（1）：98-111.

［37］ 范子英，李经．“十四五”时期促进国内统一市场形成的财税改革思路［J］. 税务研究，2021（2）：5-11.

［38］ 范子英，张军．财政分权、转移支付与国内市场整合［J］. 经济研究，2010，45（3）：53-64.

［39］ 范子英．全国统一大市场建设的财政激励［J］. 产业经济评论，2022（5）：14-17.

［40］ 冯伟，卞家涛．本土市场规模与地区生产率：对“市场范围”假说的实证检验［J］. 产业经济研究，2014（5）：23-32.

［41］ 冯曦明，张仁杰．税收竞争与地方政府债务风险：“把薪助火”抑或“遇事掣肘”？［J］. 财政科学，2021，70（10）：32-48.

［42］ 付强，乔岳．政府竞争如何促进了中国经济快速增长：市场分割与经济增长关系再探讨［J］. 世界经济，2011（7）：43-63.

［43］ 龚锋，陈子昂．增长目标“加码”会抑制地方长期经济增长吗？［J］. 经济科学，2022（3）：20-34.

［44］ 谷成，王乾．2022年税收理论研究综述［J］. 税务研究，2023（3）：25-33.

［45］ 谷成，张洪涛．转移支付结构与财政资金使用效率［J］. 财经问题研究，2021（6）：80-90.

［46］ 谷成，张家楠．横向税收竞争与地方政府回应性——来自中国地级市的经验证据［J］. 财经问题研究，2022（9）：83-93.

［47］ 官永彬．地区间财力差距的测度与分解［J］. 重庆师范大学学报（哲学社会科学版），2013（2）：89-99.

［48］ 桂琦寒，陈敏，陆铭，等．中国国内商品市场趋于分割还是整合：基于相对价格法的分析［J］. 世界经济，2006，29（2）：20-30.

［49］ 郭栋，胡业飞．地方政府竞争：一个文献综述［J］. 公共行政评论，2019，12（3）：156-173.

［50］ 郭玲，姜晓妮，钟亚琼．我国地方政府间财力差异的多维分析［J］. 郑

州大学学报（哲学社会科学版），2019，52（1）：50-58.
[51] 郭平，曾卓尔，徐丽. 教育支出改革与财政压力分析——基于断点回归方法的估计［J］. 财政研究，2021（10）：12-26.
[52] 郭威，李泽浩. 财政纵向失衡、转移支付与基本公共服务供给［J］. 现代经济探讨，2024（1）：35-47.
[53] 韩先锋，李佳佳，徐杰. 绿色技术创新促进地区产业升级的动态调节效应——基于经济增长目标约束的新视角［J］. 科技进步与对策，2023，40（8）：44-53.
[54] 韩彦超. 市场化与差序政府信任的代际变迁［J］. 北京社会科学，2022，（12）：111-121.
[55] 郝春虹，王英家，贾晓俊，等. 分好“财政蛋糕”：对转移支付财力均等化效应和效率的考察［J］. 中国工业经济，2021（12）：31-49.
[56] 郝春虹，赵旭东，张慧敏，等. 新农保是否增加了子代劳动供给？——一个家庭代际分工视角下的经验验证［J］. 劳动经济研究，2022，10（4）：81-110.
[57] 何代欣. 中国式现代化进程中的财政治理与调控功能——基于国家治理中的支撑、稳定与安全需求［J］. 经济社会体制比较，2023（6）：57-65.
[58] 何梦笔. 建立和维持一个竞争秩序［J］. 读书，2013（3）：43-53.
[59] 何益欣. 税收竞争、国家级开发区设立与实际税率［J］. 山西财经大学学报，2021，43（2）：1-15.
[60] 何正霞，曹长帅，王建明. 环境规制、产业集聚与环境污染的空间溢出研究［J］. 华东经济管理，2022，36（3）：12-23.
[61] 贺颖，吕冰洋. 行政性分权与地区市场分割——基于地级市的研究［J］. 经济学报，2019（4）：127-157.
[62] 洪勇，许统生. 中国国内商品市场整合研究——基于需求—价格关系的视角［J］. 南方经济，2016（3）：16-35.
[63] 洪勇，张应华. 空间溢出条件下中国省区间市场分割研究——基于省级

面板数据的空间计量分析［J］．哈尔滨商业大学学报（社会科学版），2020（4）：71-83.

［64］ 洪正，谢漾．财政分权制度、市场分割同群效应与产能过剩［J］．中南大学学报（社会科学版），2021，27（4）：111-127.

［65］ 侯卓．税收优惠政策的竞争中性审视——针对1744份税收优惠规范性文件的实证考察［J］．河北学刊，2023，43（6）：194-201.

［66］ 胡德仁，刘亮．地区间财力差异适度性模型及应用［J］．财贸研究，2007（4）：58-63.

［67］ 胡德仁，刘亮．中国地区间财政能力差异及财政转移支付政策取向：以地区间公共支出成本差异为视角［J］．审计与经济研究，2010（2）：87-94.

［68］ 胡洪曙，郭传义．我国政府间纵向税收竞争对税收增长的影响研究：基于省际面板数据的实证分析［J］．经济管理，2014，36（12）：1-12.

［69］ 胡深，吕冰洋．经济增长目标与土地出让［J］．财政研究，2019（7）：46-59.

［70］ 胡思佳，徐翔．招商引资竞争与土地供给行为：基于城市经济发展的视角［J］．改革，2021（7）：91-106.

［71］ 胡晓东，高艳慧．财政双向失衡、地方税财治理与企业避税分化［J］．审计与经济研究，2023，38（4）：116-127.

［72］ 胡玉杰，高延雷，王秀东．财政纵向失衡、转移支付与民生性公共服务供给［J］．当代财经，2023（11）：41-53.

［73］ 黄丙志，寿亦如．长三角区域税收竞争影响市场一体化的理论与实证分析［J］．上海经济研究，2021（8）：92-101.

［74］ 黄华峰．技术创新、产业升级与贸易竞争力——基于制造业行业层面和中国地区层面的分析［D］．上海：复旦大学，2015.

［75］ 黄亮雄，林绍良，王贤彬，等．目标引领如何影响基础设施？——基于数量与质量的双重视角［J］．产业经济研究，2022（1）：129-142.

［76］ 黄溶冰，乌天玥．国家审计质量与财政收支违规行为［J］．中国软科学，

2016（1）：165–175.

［77］ 黄溶冰，赵谦．财政分权、审计监督与反腐败成效——来自中国2002～2011年的经验证据［J］．中南财经政法大学学报，2015（6）：19–25；159.

［78］ 黄新华．建设服务新发展格局的全国统一大市场研究［J］．海南大学学报（人文社会科学版），2023，41（2）：1–8.

［79］ 黄赜琳，王敬云．地方保护与市场分割：来自中国的经验数据［J］．中国工业经济，2006（2）：60–67.

［80］ 黄赜琳，王敬云．基于产业结构区际贸易壁垒的实证分析［J］．财经研究，2007（3）：4–16.

［81］ 黄赜琳，姚婷婷．市场分割与地区生产率：作用机制与经验证据［J］．财经研究，2020，46（1）：96–110.

［82］ 贾俊雪，应世为．财政分权与企业税收激励——基于地方政府竞争视角的分析［J］．中国工业经济，2016（10）：23–39.

［83］ 贾俊雪，张超，秦聪，等．纵向财政失衡、政治晋升与土地财政［J］．中国软科学，2016（9）：144–155.

［84］ 贾康．全面推进依法治国：从政府事权与司法管辖权的合理化看法治化配套改革［J］．经济研究，2015，50（1）：16–18.

［85］ 江庆．省际间财力差距的地区分解和结构分解［J］．统计研究，2009（6）：45–50.

［86］ 江艇．因果推断经验研究中的中介效应与调节效应［J］．中国工业经济，2022（5）：100–120.

［87］ 焦长权，王伟进．迈向共同富裕的财政再分配——政府间转移支付的动态效应与制度逻辑［J］．社会学研究，2023，38（1）：22–44；226–227.

［88］ 解晋，仲伟东，黄娟．市场整合的碳减排效应——兼论构建全国统一大市场的环境效应［J］．中国流通经济，2023，37（6）：3–13.

［89］ 孔令池．国内市场分割的测度及其影响因素分析［J］．郑州大学学报（哲学社会科学版），2019，52（1）：59–64；127–128.

[90] 寇理. 新时代财政审计发展研究——基于党的十八大以来中央预算执行和其他财政收支的审计工作报告的分析 [J]. 审计研究，2022 (6)：15-20.

[91] 兰宗. 央地关系视角下企业跨区域投资研究 [D]. 成都：西南财经大学，2021.

[92] 李承怡. 预算软约束下地方政府财政支出竞争策略的空间经济效应 [J]. 经济地理，2019，39 (9)：24-30.

[93] 李国平，何晶彦. 中国区域协调发展：经验事实、理论阐释及机制创新 [J]. 广东社会科学，2023 (6)：48-57.

[94] 李海舰，原磊. 三大财富及其关系研究 [J]. 中国工业经济，2008，(12)：5-15.

[95] 李红霞. 我国财政转移支付制度改革的理性思考 [J]. 现代财经（天津财经大学学报），2008 (4)：12-17.

[96] 李凌，卢洪友. 我国省际间财政差异趋势与影响因素的实证研究 [J]. 财经问题研究，2007 (8)：72-76.

[97] 李森，彭田田. 政府间事权划分思路的比较与综合：基于中国现实的分析 [J]. 财政研究，2021 (1)：39-56.

[98] 李升，宁超. 中国地方政府自有财力区域差异分析 [J]. 经济与管理评论，2017，33 (6)：95-103.

[99] 李婉. 财政分权与地方政府支出结构偏向——基于中国省级面板数据的研究 [J]. 上海财经大学学报（哲学社会科学版），2007 (5)：75-82.

[100] 李炜光. 财政何以为国家治理的基础和支柱 [J]. 法学评论，2014，32 (2)：54-60.

[101] 李真，苏春红. 财政纵向失衡对地方政府治理能力的影响：理论分析与实证检验 [J]. 财政研究，2023 (5)：71-83.

[102] 李智超，谭西涵. 府际合作可以缩小城市经济增长差距吗——基于我国三大城市群的比较分析 [J]. 甘肃行政学院学报，2021 (2)：52-60；126.

[103] 林春，孙英杰. 纵向财政失衡、地方政府行为与经济波动 [J]. 经济学家，2019 (9)：44-53.
[104] 刘滨. 高质量发展与地方政府行为激励变革——一个“剩余权管制”视角 [J]. 公共管理与政策评论，2023，12 (6)：116-137.
[105] 刘春济，高静. 地方经济增长的目标管理与资源错配 [J]. 商业研究，2020 (10)：1-9.
[106] 刘斐然，胡立君，石军伟. 区域经济差距、短期目标导向与市场分割 [J]. 当代经济科学，2021，43 (4)：119-130.
[107] 刘红芹，耿曙. 地方政府短视问题再考察：财政联邦、晋升锦标与地方支出结构 [J]. 社会学评论，2023，11 (4)：53-73.
[108] 刘家轩. 财政层级改革、政府间金融分权与地区间政府融资差距——地方政府融资平台债务的经验证据 [J]. 经济学报，2022，9 (3)：60-95.
[109] 刘家义. 国家治理现代化进程中的国家审计：制度保障与实践逻辑 [J]. 中国社会科学，2015 (9)：64-83.
[110] 刘雷，崔云，张筱. 政府审计维护财政安全的实证研究——基于省级面板数据的经验证据 [J]. 审计研究，2014 (1)：35-42；52.
[111] 刘亮. 中国地区间财力差异的度量及分解 [J]. 经济体制改革，2006 (2)：17-23.
[112] 刘亮亮，贺俊. 财政纵向失衡会抑制区域创新效率的提升吗 [J]. 当代财经，2022 (7)：27-37.
[113] 刘明慧，王婷. 财政体制赋能全国统一大市场建设：历史逻辑、主要问题与实现路径 [J]. 内蒙古社会科学，2023，44 (3)：133-140.
[114] 刘明慧，章润兰. 财政转移支付、地方财政收支决策与相对贫困 [J]. 财政研究，2021 (4)：34-49.
[115] 刘强，李泽锦. 教育投入、道路基础设施与劳动生产率 [J]. 现代经济探讨，2021 (4)：8-18.
[116] 刘瑞明，杨冰岩. 全国统一大市场构建的突出问题与破解思路 [J]. 社会科学辑刊，2022 (6)：119-127.

[117] 刘瑞明. 构建全国统一大市场的四个经验教训 [J]. 产业经济评论, 2022 (5): 10-12.

[118] 刘瑞明. 国有企业、隐性补贴与市场分割: 理论与经验证据 [J]. 管理世界, 2012 (4): 21-32.

[119] 刘瑞明. 晋升激励、产业同构与地方保护: 一个基于政治控制权收益的解释 [J]. 南方经济, 2007 (6): 61-72.

[120] 刘莎, 刘明. 绿色金融、经济增长与环境变化——西北地区环境指数实现"巴黎承诺"有无可能? [J]. 当代经济科学, 2020, 42 (1): 71-84.

[121] 刘尚希. 公共风险与经济中长期发展——分析框架、影响机制及政策选择 [J]. 财经问题研究, 2024 (2): 28-37.

[122] 刘书明, 李文康, 师宇. 中国地方财力差异的区域结构特征、变化趋势与影响因素——基于2007—2017年省级数据的实证分析 [J]. 宏观经济研究, 2019 (11): 47-62.

[123] 刘书明, 王惠. 区域财政均等化的定量测度、影响因素与空间相关性——基于黄河流域的实证研究 [J]. 宏观经济研究, 2023 (10): 41-55; 83.

[124] 刘小勇, 李真. 财政分权与地区市场分割实证研究 [J]. 财经研究, 2008 (2): 88-98.

[125] 刘小勇. 财政分权与区域市场一体化再检验——基于面板分位数回归的实证研究 [J]. 经济经纬, 2012 (5): 11-16.

[126] 刘行, 杨松岩. 国有股权与基于所得税费用的盈余管理 [J]. 经济管理, 2021, 43 (2): 175-187.

[127] 刘易昂, 赖德胜. 基于引力模型的我国产品市场分割因素研究——来自省际铁路货运贸易的面板数据 [J]. 经济经纬, 2016, 33 (1): 132-137.

[128] 刘长庚, 巫骥. 中央财政转移支付对中国区域协调发展的促进效应 [J]. 经济地理, 2023, 43 (2): 10-21.

[129] 刘志彪, 孔令池. 从分割走向整合: 推进国内统一大市场建设的阻力与

对策 [J]. 中国工业经济，2021 (8)：20-36.

[130] 刘志彪. 建设国内统一大市场：影响因素与政策选择 [J]. 学术月刊，2021，53 (9)：49-56；84.

[131] 刘志彪. 全国统一大市场 [J]. 经济研究，2022，57 (5)：13-22.

[132] 卢维学，吴和成，王励文. 国家审计对政府卫生支出的影响及异质性研究——基于贝叶斯分位数回归模型 [J]. 运筹与管理，2022，31 (4)：176-183.

[133] 陆铭，陈钊，严冀. 收益递增、发展战略与区域经济的分割 [J]. 经济研究，2004，39 (1)：54-63.

[134] 陆铭，陈钊. 分割市场的经济增长——为什么经济开放可能加剧地方保护? [J]. 经济研究，2009，44 (3)：42-52.

[135] 陆铭，向宽虎，李鹏飞，等. 分工与协调：区域发展的新格局、新理论与新路径 [J]. 中国工业经济，2023 (8)：5-22.

[136] 路江涌，陶志刚. 中国制造业区域聚集及国际比较 [J]. 经济研究，2006，41 (3)：103-114.

[137] 罗必良，陆铭，郑怡林等. 加快建设全国统一大市场——“建设统一大市场理论研讨会”主旨发言摘编 [J]. 南方经济，2022 (6)：1-21.

[138] 罗小芳，卢现祥. 交易成本、普遍制度与全国统一大市场 [J]. 经济学动态，2023 (6)：15-28.

[139] 吕冰洋，蔡红英，崔茂权. 实现消费地原则的增值税改革：政府间财政关系的破解之策 [J]. 中央财经大学学报，2015 (6)：3-9.

[140] 吕冰洋，曾傅雯，涂海洋，等. 中国财政可持续性分析：研究框架与综合判断 [J]. 管理世界，2024，40 (1)：1-20.

[141] 吕冰洋，陈怡心，詹静楠. 政府预算管理、征税行为与企业经营效率 [J]. 经济研究，2022，57 (8)：58-77.

[142] 吕冰洋，陈怡心. 财政激励制与晋升锦标赛：增长动力的制度之辩 [J]. 财贸经济，2022，43 (6)：25-47.

[143] 吕冰洋，贺颖. 分权、分税与市场分割 [J]. 北京大学学报（哲学社会

科学版)，2019，56（3）：54-66.

［144］ 吕冰洋，贺颖. 迈向统一市场：基于城市数据对中国商品市场分割的测算与分析［J］. 经济理论与经济管理，2020（4）：13-25.

［145］ 吕冰洋，李钊，马光荣. 激励与平衡：中国经济增长的财政动因［J］. 世界经济，2021，44（9）：3-27.

［146］ 吕冰洋，聂辉华. 弹性分成：分税制的契约与影响［J］. 经济理论与经济管理，2014（7）：43-50.

［147］ 吕炜，邵娇. 转移支付、税制结构与经济高质量发展——基于277个地级市数据的实证分析［J］. 经济学家，2020（11）：5-18.

［148］ 吕炜，张妍彦，周佳音. 财政在中国改革发展中的贡献——探寻中国财政改革的实践逻辑［J］. 经济研究，2019，54（9）：25-40.

［149］ 吕越，盛斌，吕云龙. 中国的市场分割会导致企业出口国内附加值率下降吗［J］. 中国工业经济，2018（5）：5-23.

［150］ 马草原，孙思洋，张昭. 中国地区间要素市场分割的识别与影响因素分析［J］. 金融研究，2023（2）：78-95.

［151］ 马海涛，姚东旻. 现代财税体制的理论渊源、基本共性与中国特质［J］. 改革，2023（11）：83-95.

［152］ 马红，侯贵生. 土地财政、地方经济增长目标与制造企业创新风险［J］. 中国经济问题，2022（1）：186-200.

［153］ 马万里. 中国式财政分权：一个扩展的分析框架［J］. 当代财经，2015，（3）：24-33.

［154］ 马鑫，黄涛. 交通基础设施建设与区域间市场整合——以高速公路为例［J］. 数量经济技术经济研究，2023，40（12）：111-132.

［155］ 毛军，梁宏志. 财税竞争、空间关联与我国市场一体化发展［J］. 财经论丛，2019（11）：20-29.

［156］ 苗连营. 税收法定视域中的地方税收立法权［J］. 中国法学，2016（4）：159-178.

［157］ 苗庆红，钟明熹. 中国城市财政体制改革探索——基于X省Y市的案例

研究［J］. 中央财经大学学报，2023（8）：12-22.

［158］莫龙炯，葛立宇，冯沚贻. 经济增长目标与地方财政效率损失［J］. 财经论丛，2023（9）：36-46.

［159］倪红福，黄靖桐，李善同，等. 增值税分享再测算及其对地方财力的影响——基于投入产出表的分行业消费地原则方法［J］. 数量经济技术经济研究，2023，40（3）：50-69.

［160］庞瑞芝，袁胜超，吕翠翠. 财政分权提高了地区资源配置效率吗——来自省直管县财政改革准实验的证据［J］. 山西财经大学学报，2021，43（5）：31-44.

［161］皮建才. 中国地方政府间竞争下的区域市场整合［J］. 经济研究，2008，43（3）：115-124.

［162］平新乔. 政府保护的动机与效果——一个实证分析［J］. 财贸经济，2004（5）：3-10；95.

［163］蒲龙，马光荣，黄勃. 基础设施、税收竞争与企业税负——基于国内市场一体化的视角［J］. 数量经济技术经济研究，2022，39（9）：50-69.

［164］祁毓，卢洪友，徐彦坤. 中国环境分权体制改革研究：制度变迁、数量测算与效应评估［J］. 中国工业经济，2014（1）：31-43.

［165］任斌，林义，周宇轩. 地区间财力差异、中央转移支付与社会救助均等化［J］. 山西财经大学学报，2023，45（8）：47-57.

［166］任晓怡，向海凌，吴非. 地方经济增长目标如何影响金融市场稳定——基于股价崩盘风险的视角［J］. 经济学报，2020（2）.

［167］任志成，张二震，吕凯波. 贸易开放、财政分权与国内市场分割［J］. 经济学动态，2014（12）：44-52.

［168］邵汉华，吕欣怡，夏海波. 都市圈市场一体化的地区差异及空间溢出效应［J］. 华侨大学学报（哲学社会科学版），2020（4）：97-109.

［169］申洋，郭俊华. 财政体制失衡与环境污染：理论机制与经验辨识［J］. 经济问题探索，2021（9）：179-190.

［170］沈立人，戴园晨. 我国"诸侯经济"的形成及其弊端和根源［J］. 经济

研究，1990（3）：12-19；67.

[171] 施美程，王勇. 环境规制差异、行业特征与就业动态［J］. 南方经济，2016（7）：48-62.

[172] 宋冬林，范欣. 分税制改革推动了市场统一吗？［J］. 学习与探索，2015（10）：87-93；2.

[173] 宋易珈，李锡涛，刘若曦. 纵向失衡下的地方财政压力与企业能源消耗强度——基于所得税分享改革的准自然实验分析［J］. 经济评论，2024（1）：116-135.

[174] 宋则. 建设全国统一大市场的基础理论与应用政策融合［J］. 中国流通经济，2022，36（6）：18-24.

[175] 苏剑，邵宇佳，陈丽娜. 中国市场一体化进程：趋势、成效与建议［J］. 社会科学辑刊，2021（3）：157-170.

[176] 孙博文. 环境经济地理学研究进展［J］. 经济学动态，2020（3）：131-146.

[177] 孙久文，张可云，安虎森，等. "建立更加有效的区域协调发展新机制"笔谈［J］. 中国工业经济，2017（11）：26-61.

[178] 孙久文，周孝伦. 全国统一大市场如何推进企业绿色创新？——来自上市公司的经验证据［J］. 苏州大学学报（哲学社会科学版），2024（2）：124-136.

[179] 孙开，李万慧. 横向财政失衡与均等化转移支付［J］. 地方财政研究，2008（7）：4-7；12.

[180] 孙开，沈安媛. 横向财政差异、空间效应与经济高质量发展［J］. 财经问题研究，2020（4）：74-83.

[181] 孙开，温馨. 中国地区间财力差异的空间结构探析［J］. 河北经贸大学学报，2015，36（2）：48-51.

[182] 孙莹，吴烁，王竹泉. 绿色信贷政策对重污染企业"脱实向虚"的影响［J］. 中国人口·资源与环境，2023，33（3）：91-101.

[183] 孙莹. 基于税收视角的全国统一大市场建设［J］. 税务研究，2022（8）：

23-27.

[184] 锁利铭. 走向复杂性的地方政府间竞合关系：理论演进与实践路径 [J]. 行政论坛，2023，30（2）：55-66；2.

[185] 汤旖璆，苏鑫，刘琪. 地方财政压力与环境规制弱化——环境机会主义行为选择的经验证据 [J]. 财经理论与实践，2023，44（3）：82-91.

[186] 唐沿源. 非对称地方财政竞争——对资本的争夺使地方财政支出更具有生产性吗？[J]. 云南财经大学学报，2016（5）：3-16.

[187] 天津市审计学会课题组，谢津秋，苏倩，等. 预算执行审计与政府财务报告审计协同机制研究 [J]. 审计研究，2022（4）：31-40.

[188] 田彬彬，谷雨. 转移支付与地方政府税收努力——基于断点回归设计的再考察 [J]. 厦门大学学报（哲学社会科学版），2023，73（3）：29-40.

[189] 童锦治，李星，王佳杰. 中国省级政府间财力差异现状、原因与对策研究——基于 2001—2010 年数据的测算 [J]. 财政研究，2014（1）：32-36.

[190] 妥燕方，孔令池. 经济增长目标约束是否会加剧"以邻为壑"？[J]. 现代经济探讨，2022（8）：25-39.

[191] 万莹，陈恒. 增值税税收与税源背离对我国地区财力均衡的影响 [J]. 税务研究，2023（5）：32-40.

[192] 万莹. 我国地方政府间税式支出竞争的博弈分析 [J]. 财政研究，2005，（8）：28-30.

[193] 汪阳昕，黄漫宇. 数字经济促进了中国统一大市场形成吗 [J]. 山西财经大学学报，2023，45（1）：24-39.

[194] 王春婷. 垂直财政不平衡约束下地方政府的行为逻辑：一个"生存型"政府的解释 [J]. 江海学刊，2020（6）：137-143.

[195] 王光. 补贴政策的经济分析——基于文献评述的视角 [J]. 财政科学，2021（8）：149-160.

[196] 王华春，林志清，肖开提. 纵向财政失衡、土地财政与地方债务危机——基于 2001—2012 年省级政府面板数据模型的实证检验 [J]. 新疆

社会科学，2016（3）：23-29.

［197］ 王铭槿，李永友．高质量发展中的新旧动能转换进程：趋势特征与省际差异［J］．经济学家，2022（9）：28-38.

［198］ 王清．将国家带回来：地方政府行为变化的新解释［J］．探索与争鸣，2023（7）：42-51；177.

［199］ 王瑞祥，王文甫，倪锦文．财政制度垂直失衡、政府竞争与市场化进程［J］．财经论丛，2019（2）：21-29.

［200］ 王树华，张军．全国统一大市场赋能区域协调发展：理论逻辑与实践路径［J］．江海学刊，2023（2）：101-108；255.

［201］ 王晓东，张昊．构建全国统一大市场中的地方政府经济行为优化［J］．中国行政管理，2023，39（4）：130-136.

［202］ 王孝松，李博，翟光宇．引资竞争与地方政府环境规制［J］．国际贸易问题，2015（8）：51-61.

［203］ 王欣，杜宝贵．长三角区域一体化政策府际关系研究——基于社会网络分析［J］．公共管理与政策评论，2021，10（6）：37-52.

［204］ 王欣亮，刘飞．财政失衡下如何实现经济高质量发展——基于中央激励下地方政府行为分析［J］．当代财经，2021（7）：24-37.

［205］ 王晔倩，林理升．引力模型与边界效应分析——以长三角和珠三角服务贸易为例［J］．上海经济研究，2006（8）：38-44.

［206］ 王铁昕，贠菲菲．建立全国统一大市场的理论分析、制约因素及策略选择［J］．理论月刊，2022（11）：71-80.

［207］ 王雍君．财政学知识图谱的智识化与集成化建构研究——兼论中国当代财政改革的核心命题［J］．财政研究，2019（8）：13-26.

［208］ 王宇昕，余兴厚，陈亚惠．双重压力下转移支付对基本公共服务供给的激励效应——来自237个地级市的经验证据［J］．西部论坛，2023，33（5）：66-79.

［209］ 王泽彩．均衡财政：新一轮财税体制改革的再思考［J］．中国行政管理，2023，39（12）：15-25.

[210] 王振宇，路遥，司亚伟．财力配置过程、“中等地区”现象及其改进 [J]．经济理论与经济管理，2023，43（6）：84-94.

[211] 韦德洪，覃智勇，唐松庆．政府审计效能与财政资金运行安全性关系研究——基于审计年鉴数据的统计和实证研究 [J]．审计研究，2010（3）：9-14.

[212] 魏福成．基本公共服务最优供给规模、供给不足及原因分析 [J]．华中师范大学学报（人文社会科学版），2020，59（3）：65-75.

[213] 魏涛，李成，胡凯．审计独立、威慑效应与财政信息公开 [J]．审计与经济研究，2023，38（4）：32-43.

[214] 温忠麟，叶宝娟．中介效应分析：方法和模型发展 [J]．心理科学进展，2014，22（5）：731-745.

[215] 文余源，王芝清．城市群FDI区位迁移与城市联系强度的交互作用和空间效应——以长三角城市群为例 [J]．浙江社会科学，2023（4）：9-20；156.

[216] 吴华强，才国伟，何婧．新发展格局下的全国统一大市场建设 [J]．南方经济，2022（7）：54-68.

[217] 吴敬琏．经济学家、经济学与中国改革 [J]．经济研究，2004，39（2）：8-16.

[218] 吴小节，蓝海林，汪秀琼，等．市场分割的制度基础与概念内涵——基于组织社会学制度理论的视角 [J]．河北经贸大学学报，2012，33（1）：11-16.

[219] 夏杰长，刘诚．行政体制改革、要素市场化与建设全国统一大市场 [J]．经济与管理研究，2022，43（11）：3-13.

[220] 肖叶．财政支出竞争、城投债发行与城市经济增长——基于财政支出压力视角 [J]．中南财经政法大学学报，2019（3）：64-75；159.

[221] 谢莉娟，王诗桪．贸易的技术创新效应——国内外贸易联动与部门间分工的权衡 [J]．经济理论与经济管理，2017（4）：97-112.

[222] 谢柳芳，孙鹏阁，郑国洪，等．政府审计功能、预算偏差与地方政府治

理效率［J］. 审计研究，2019（4）：20-28.
［223］ 谢贞发，陈芳敏，陈卓恒. 激励与能动性：非对称财政收支分权与企业资本跨区域流动［J］. 数量经济技术经济研究，2023，40（1）：87-108.
［224］ 谢贞发，杨健鹏，梅思雨. 从隶属走向共享：财政利益、统一大市场与企业高质量发展［J］. 数量经济技术经济研究，2024，41（2）：26-46.
［225］ 谢贞发. 基本公共服务均等化建设中的财政体制改革研究：综述与展望［J］. 南京社会科学，2019（5）：27-33.
［226］ 辛冲冲，陈志勇. 中国基本公共服务供给水平分布动态、地区差异及收敛性［J］. 数量经济技术经济研究，2019，36（8）：52-71.
［227］ 辛冲冲，徐婷，周菲. 被动之举还是主动为之——基于纵向财政不平衡与地区竞争对土地财政依赖影响的再解释［J］. 经济学家，2021（4）：30-40.
［228］ 行伟波，张康，李善同. 中国汽车市场一体化研究：演化趋势、影响因素与价格联动［J］. 产经评论，2023，14（6）：5-24.
［229］ 徐明. 中央转移支付的减贫效应评估：基本事实、潜在机制和提升路径［J］. 财经研究，2021，47（5）：109-123.
［230］ 徐秋艳，刘浩冬. 绿色信贷、产业结构优化与绿色全要素生产率［J］. 现代经济探讨，2024（2）：93-108.
［231］ 徐现祥，李郇，王美今. 区域一体化、经济增长与政治晋升［J］. 经济学（季刊），2007（4）：1075—1096.
［232］ 徐现祥，梁剑雄. 经济增长目标的策略性调整［J］. 经济研究，2014，49（1）：27-40.
［233］ 徐现祥，刘毓芸. 经济增长目标管理［J］. 经济研究，2017，52（7）：18-33.
［234］ 宣晓伟. 区域协调、央地关系和基本权利的中央化［J］. 经济与管理评论，2024，40（1）：5-14.
［235］ 杨得前. 经济发展、财政自给与税收努力：基于省际面板数据的经验分析［J］. 税务研究，2014（6）：70-78.

［236］ 杨六妹，钟晓敏，叶宁. 分税制下财政转移支付制度：沿革、评价与未来方向［J］. 财经论丛，2022（2）：26-37.
［237］ 杨志军，高小平. 解码中国国家治理奇迹——基于“中央总体—民众个体—地方单体”新机制考察［J］. 学术界，2022（4）：71-84.
［238］ 杨茁. 问责与绩效评价：政府审计职能创新解读［J］. 求是学刊，2006（5）：59-64.
［239］ 叶剑平，陈思博. 统一大市场建设中的政府有为［J］. 浙江学刊，2023（2）：5-12.
［240］ 银温泉，才婉茹. 我国地方市场分割的成因和治理［J］. 经济研究，2001（6）：3-12.
［241］ 于井远，王春元. 纵向财政失衡、政府创新偏好与区域创新［J］. 安徽师范大学学报（人文社会科学版），2021，49（1）：107-116.
［242］ 余东华，刘运. 地方保护和市场分割的测度与辨识——基于方法论的文献综述［J］. 世界经济文汇，2009（1）：80-93；49.
［243］ 余东华，张昆. 要素市场分割、技术创新能力与制造业转型升级［J］. 华东经济管理，2020，34（11）：43-53.
［244］ 余杰，钱振明. 面向中国式现代化的城市高质量发展：五大维度和三重尺度下的实践向度［J］. 当代经济管理，2024，46（3）：1-13.
［245］ 余开亮. 市场整合研究方法的演进及其在经济史研究中的应用［J］. 上海经济研究，2020（11）：104-112.
［246］ 余应敏，杨野，陈文川. 财政分权、审计监督与地方政府债务风险——基于2008—2013年中国省级面板数据的实证检验［J］. 财政研究，2018（7）：53-65.
［247］ 余泳泽，胡山，杨飞. 国内大循环的障碍：区域市场分割的效率损失［J］. 中国工业经济，2022（12）：108-126.
［248］ 余泳泽，尹立平. 中国式环境规制政策演进及其经济效应：综述与展望［J］. 改革，2022（3）：114-130.
［249］ 於勇成，褚红丽，魏建. 司法行政化背景下的市场分割——一个跨期合

作选择模型 [J]. 中国经济问题，2020 (4)：122-136.

[250] 臧跃茹. 资产重组中的市场分割问题 [J]. 宏观经济研究，2001 (3)：22-25.

[251] 詹新宇，刘文彬. 中国式财政分权与地方经济增长目标管理——来自省、市政府工作报告的经验证据 [J]. 管理世界，2020，36 (3)：23-39；77.

[252] 张超，王春杨. 地方政府竞争视角下的我国区域市场分割研究综述 [J]. 经济问题探索，2013 (2)：80-86.

[253] 张昊. 地区间生产分工与市场统一度测算："价格法"再探讨 [J]. 世界经济，2020，43 (4)：52-74.

[254] 张华. 地区间环境规制的策略互动研究——对环境规制非完全执行普遍性的解释 [J]. 中国工业经济，2016 (7)：74-90.

[255] 张嘉紫煜，张仁杰，冯曦明. 财政纵向失衡何以降低公共服务质量？——理论分析与机制检验 [J]. 财政科学，2022，77 (5)：43-57.

[256] 张军，龙菲，吴作凤. 国家审计功能与国家治理能力协同发展机制构建：理论逻辑与实践路径 [J]. 经济体制改革，2021 (1)：19-26.

[257] 张李昂，张清正. 流通成本变动与制造业空间集聚分析及对策 [J]. 中国流通经济，2016，30 (6)：19-25.

[258] 张柳钦，李建生，孙伟增. 制度创新、营商环境与城市创业活力——来自中国自由贸易试验区的证据 [J]. 数量经济技术经济研究，2023，40 (10)：93-114.

[259] 张明源. 基建投资、转移支付与资源空间错配——基于多区域一般均衡框架的讨论 [J]. 经济与管理，2023，37 (2)：30-40.

[260] 张启春，苗子豪. 中央一般性转移支付何以影响地方财政支出结构？——基于地方预算软约束分析视角 [J]. 华中师范大学学报（人文社会科学版），2022，61 (6)：72-86.

[261] 张同斌. 提高环境规制强度能否"利当前"并"惠长远" [J]. 财贸经济，2017，38 (3)：116-130.

[262] 张亚光. 全国统一大市场的历史考察与理论辨析——基于经济史和思想史的视角 [J]. 求索，2023 (2)：102-109.
[263] 张亚丽，项本武. 城市群一体化水平的测度及其经济增长效应研究——来自中国十大城市群的经验证据 [J]. 宏观经济研究，2021 (12)：136-148；158.
[264] 张莹，王雷. 税收激励、投资结构偏向与企业价值 [J]. 财贸研究，2016，27 (5)：136-146.
[265] 张宇. 地方保护与经济增长的囚徒困境 [J]. 世界经济，2018，41 (3)：147-169.
[266] 张振波. 从逐底竞争到策略性模仿——绩效考核生态化如何影响地方政府环境治理的竞争策略？[J]. 公共行政评论，2020，13 (6)：114-131；211-212.
[267] 赵安琪，吕康银. 家庭禀赋对劳动力流动性、家庭化迁移的影响机制与效果研究 [J]. 宏观经济研究，2022 (12)：67-82；97.
[268] 赵海益，贾驰. 财政支出结构偏向刺激了中国地方政府罚没收入增长吗？[J]. 浙江社会科学，2016 (10)：38-47.
[269] 赵静梅，李钰琪，钟浩. 数字经济、省际贸易成本与全国统一大市场 [J]. 经济学家，2023 (5)：89-99.
[270] 赵奇伟，鄂丽丽. 行政性分权下的地方市场分割研究 [J]. 财经问题研究，2009 (11)：123-128.
[271] 赵奇伟，熊性美. 中国三大市场分割程度的比较分析：时间走势与区域差异 [J]. 世界经济，2009 (6)：41-53.
[272] 赵为民，李光龙. 财政分权、纵向财政失衡与社会性支出效率 [J]. 当代财经，2016 (7)：24-35.
[273] 赵新宇，郑国强. 地方经济增长目标与要素市场扭曲 [J]. 经济理论与经济管理，2020 (10)：37-49.
[274] 赵永辉，付文林，束磊. 转移支付与地方财政支出扩张——基于异质性与空间外溢视角的分析 [J]. 经济理论与经济管理，2019 (8)：27-44.

［275］ 赵永亮，徐勇，苏桂富．区际壁垒与贸易的边界效应［J］．世界经济，2008（2）：17-29.
［276］ 赵永亮，徐勇．国内贸易与区际边界效应：保护与偏好［J］．管理世界，2007（9）：37-47.
［277］ 赵永亮．国内贸易的壁垒因素与边界效应——自然分割和政策壁垒［J］．南方经济，2012（3）：13-22；36.
［278］ 钟晨，张晓朴．农村金融机构效率提升有助于新型城镇化建设吗［J］．财经科学，2017（7）：30-39.
［279］ 钟晓敏．市场化改革中的地方财政竞争［J］．财经研究，2004（1）：21-28；31-32.
［280］ 周黎安．晋升博弈中政府官员的激励与合作——兼论我国地方保护主义和重复建设问题长期存在的原因［J］．经济研究，2004，39（6）：33-40.
［281］ 周婷婷，马芳．中国府际关系及其经济功能：回顾与展望［J］．投资研究，2021，40（12）：4-25.
［282］ 周业安，赵晓男．地方政府竞争模式研究——构建地方政府间良性竞争秩序的理论和政策分析［J］．管理世界，2002（12）：52-61.
［283］ 周媛媛．"指标考核"与"基层压力"：政府专项任务指标考核机制研究［D］．长春：吉林大学，2020.
［284］ 朱荣．国家审计提升政府透明度的实证研究——来自省级面板数据的经验证据［J］．审计与经济研究，2014（3）：23-30.
［285］ 朱喜群．生态治理的多元协同：太湖流域个案［J］．改革，2017（2）：96-107.
［286］ 庄尚文．公众效用约束视角下强化国家审计的治理逻辑及其制度供给［J］．审计与经济研究，2017，32（1）：15-22.
［287］ BALASSA B A.The theory of economic integration［M］．Homewood，Ill.：R. D.Irwin，1961.
［288］ BIRD R M. Fiscal flows，fiscal balance，and fiscal sustainability［R］.

International Center for Public Policy Working Paper Series at AYSPS, GSU, Paper 0302, 2003.

[289] BUCHANAN J M. Federalism and fiscal equity [J]. American Economic Review, 1950, 40 (4): 583-599.

[290] CHEN Z Q, YU B L, YANG C S, et al. An extended time series (2000—2018) of global NPP-VIIRS-like nighttime light data from a cross-sensor calibration [J]. Earth System Science Data, 2021, 13 (3): 889-906.

[291] COLLINS D J. The 2000 reform of intergovernmental fiscal arrangements in Australia [C] // International Symposium on Fiscal Imbalance: A Report. Commission on Fiscal Imbalance, 2002: 113-144.

[292] DI LIDDO G, LONGOBARDI E, PORCELLI F. Measuring horizontal fiscal imbalance: the case of Italian municipalities [J]. Local Government Studies, 2016, 42 (3): 385-419.

[293] DICKSEE L R. Auditing: a practical manual for auditors [M]. New York: Robert H.Montgomery, 1976.

[294] ENGEL C, ROGERS J H. How wide is the border? [J]. American Economic Review, 1996, 86 (5): 1112-1125.

[295] EYRAUD L, LUSINYAN L. Vertical fiscal imbalances and fiscal performance in advanced economies [J]. Journal of Monetary Economics, 2013, 60 (5): 571-587.

[296] FAHY C A. The choice of local government structure in Massachusetts: a historical public choice perspective [J]. Social Science Quarterly, 1998, 79 (2): 433-444.

[297] FAN C S, WEI X D. The law of one price: evidence from the transitional economy of China [J]. The Review of Economics and Statistics, 2006, 88 (4): 682-697.

[298] GENEVIEVE B D, WEI S J. Can China grow faster? A diagnosis of the fragmentation of its domestic capital market [J]. IMF Working Paper, 2004

(76): 45.

[299] HAN L, KUNG J K S. Fiscal incentives and policy choices of local governments: evidence from China [J]. Journal of Development Economics, 2015, 116: 89-104.

[300] HUNTER J S H.Vertical intergovernmental financial imbalance: a framework for evaluation [J]. FinanzArchiv/Public Finance Analysis, 1974, 32: 481-492.

[301] KHEMANI S. Can delegation promote fiscal discipline in a federation? Evidence from fiscal performance in the Indian states [C] // Conference Background Paper.Columbia University: Initiative for Policy Dialogue, 2006.

[302] KHEMANI S. Can delegation promote fiscal discipline in a federation? Evidence from fiscal performance in the Indian states [J]. Comparative Political Studies, 2007, 40 (6): 691-712.

[303] MUSGRAVE R A.The Theory of Public Finance: A Study in Public Economy [M]. New York: McGraw-Hill, 1959.

[304] NAUGHTON B. How much can regional integration do to unify China' s markets? [C] // Conference for Research on Economic Development and Policy.Stanford University, 1999.

[305] OATES W E. An essay on fiscal federalism [J]. Journal of Economic Literature, 1999, 37 (3): 1120—1149.

[306] OATES W E. Fiscal Federalism [M]. New York: Harcourt Brace Jovanovich, 1972.

[307] PARSLEY D C, WEI S J. Limiting currency volatility to stimulate goods market integration: a price-based approach [R]. NBER Working Paper, 2001.

[308] FIFIELD P. Marketing Strategy: The Difference Between Marketing and Markets [M]. 3rd ed.Oxford, UK: Butterworth-Heinemann, 2012.

[309] PONCET S. A fragmented China: measure and determinants of Chinese

domestic market disintegration [J]. Review of International Economics, 2005, 13 (3): 409-430.

[310] PREACHER K J, RUCKER D D, HAYES A F. Addressing moderated mediation hypotheses: theory, methods, and prescriptions [J]. Multivariate Behavioral Research, 2007, 42 (1): 185-227.

[311] QIAN Y Y, WEINGAST B R. Federalism as a commitment to preserving market incentives [J]. Journal of Economic Perspectives, 1997, 11 (4): 83-92.

[312] QIAN Y Y, ROLAND G. Federalism and the soft budget constraint [J]. American Economic Review, 1998, 88 (5): 1143—1162.

[313] VARADARAJAN R. Strategic marketing and marketing strategy: domain, definition, fundamental issues and foundational premises [J]. Journal of the Academy of Marketing Science, 2010, 38 (2): 119-140.

[314] ROBSON A J. Costly innovation and natural resources [J]. International Economic Review, 1980, 21 (1): 17-30.

[315] RODDEN J, WIBBELS E. Beyond the fiction of federalism: macroeconomic management in multitiered systems [J]. World Politics, 2002, 54 (4): 494-531.

[316] TIEBOUT C M. A pure theory of local expenditures [J]. Journal of Political Economy, 1956, 64 (5): 416-424.

[317] TINBERGEN J. International Economic Integration [M]. Amsterdam: Elsevier, 1954.

[318] VINER J. The Customs Union Issue [M]. New York: Carnegie Endowment for International Peace, 1950.

[319] WAGNER R E. The Public Economy [M]. Chicago: Markham Publishing Company, 1973.

[320] WALTER D M. The nation' s growing fiscal imbalance [R]. Presentation to CSIS Global Aging Forum, US Government Accountability Office, 2004.

[321] WEBB R. Public finance and vertical fiscal imbalance [R]. Australia: Department of the Parliamentary Library, Research Note No.13, 2002.

[322] WEINGAST B R. The economic role of political institutions: market-preserving federalism and economic development [J]. Journal of Law, Economics & Organization, 1995, 11 (1): 1-31.

[323] WILDASIN D E. Externalities and bailouts: Hard and soft budget constraints in intergovernmental fiscal relations [R]. Policy Research Working Paper No.1843, World Bank, Washington, D.C., 1997.

[324] YOUNG A. The razor' s edge: distortions and incremental reform in the People' s Republic of China [J]. Quarterly Journal of Economics, 2000, 115 (4): 1091-1135.

索引

中国式财政分权—28，30，32，37，41，44-46，119

制度壁垒—22，204

交易成本—2，22，27，33，34

税收政策—42，47，50，197

地方保护主义—2，3，18，19，21，23，41，133，150，195，201